RÉPUBLIQUE FRANÇAISE

MINISTÈRE DES PENSIONS, PRIMES ET ALLOCATIONS DE GUERRE

INSTRUCTION DU 1er DÉCEMBRE 1920

POUR L'APPLICATION DE LA LOI DU 24 JUIN 1919

SUR LES

RÉPARATIONS

A ACCORDER AUX

VICTIMES CIVILES DE LA GUERRE

ET DU DÉCRET DU 20 AOUT 1920

portant règlement d'administration publique pour l'application
de ladite loi.

PARIS

HENRI CHARLES-LAVAUZELLE

Editeur militaire

124, Boulevard Saint-Germain, 124

(MÊME MAISON A LIMOGES)

RÉPUBLIQUE FRANÇAISE

MINISTÈRE DES PENSIONS, PRIMES ET ALLOCATIONS DE GUERRE

INSTRUCTION DU 1er DÉCEMBRE 1920

POUR L'APPLICATION DE LA LOI DU 24 JUIN 1919

SUR LES

RÉPARATIONS

A ACCORDER AUX

VICTIMES CIVILES DE LA GUERRE

ET DU DÉCRET DU 20 AOUT 1920

portant règlement d'administration publique pour l'application
de ladite loi.

PARIS

Henri CHARLES-LAVAUZELLE

Editeur militaire

124, Boulevard Saint-Germain, 124

(MÊME MAISON A LIMOGES)

*Loi sur les réparations à accorder aux victimes civiles
de la guerre.*

Le Sénat et la Chambre des députés ont adopté,

Le Président de la République promulgue la loi dont la teneur
suit :

Art. 1er. Tout Français ne se trouvant pas dans une des situations auxquelles s'applique la loi du 31 mars 1919 sur les pensions des armées de terre et de mer et qui, par suite d'un fait de guerre survenu entre le 2 août 1914 et l'expiration d'un délai d'un an à dater du décret fixant la cessation des hostilités, aura, dans les circonstances prévues par l'article 2, reçu une blessure ou contracté une maladie ayant entraîné une infirmité, aura droit à une pension définitive ou temporaire.

En cas de décès de la victime, ses ayants droit pourront, dans les mêmes conditions que les ayants droit des militaires, se prévaloir des dispositions de la législation sur les pensions militaires.

Toutefois, les ayants droit des personnes hospitalisées à demeure dans des établissements publics d'assistance, ne pourront bénéficier des dispositions de la présente loi.

En cas de disparition dûment constatée, les ayants droit des personnes disparues obtiendront également le bénéfice de la législation sur les pensions militaires.

Art. 2. Sont réputées causées par des faits de guerre, les blessures, mortelles ou non, reçues au cours des opérations militaires conduites par les armées alliées ou ennemies, ou résultant d'actes de violence commis par l'ennemi.

Sont également réputées causées par des faits de guerre les blessures ou la mort provoquées, même après la fin des opérations militaires, par des explosions de projectiles, des éboulements ou tous autres accidents pouvant se rattacher aux événements de la guerre, par suite de l'état des lieux, ainsi que la mort survenue ou les blessures reçues au cours d'exécution de travaux imposés par l'ennemi, en captivité ou en pays envahi.

Les infirmités ou le décès résultant de maladies contractées pendant la période visée à l'article 1er n'ouvrent droit à pension que s'ils ont eu pour cause : 1° des sévices infligés par l'ennemi;

2° ou des mauvais traitements subis dans des forteresses ou dans des camps de prisonniers.

Sont réputés causés par des faits de guerre les décès, même par suite de maladie, s'ils sont survenus pendant la captivité en pays ennemi.

Lorsque la blessure, la maladie ou la mort seront dues à une faute inexcusable de la part de la victime, elles ne donneront droit à aucune indemnité.

Art. 3. Les taux prévus pour le soldat ou pour ses ayants droit seront applicables aux bénéficiaires de la présente loi, sans que les pensions définitives ou temporaires d'infirmité puissent donner lieu à réversion.

Pour les mineurs de 18 ans, les pensions définitives ou temporaires d'infirmité seront fixées à la moitié du taux prévu pour le soldat. Dès que le mineur aura atteint sa 18ᵉ année, il sera soumis à une visite médicale, dont les constatations serviront de bases, s'il y a lieu, à une nouvelle liquidation de pension, d'après les taux indiqués à l'alinéa précédent.

L'exécution ordonnée par l'ennemi sera assimilée à la mort sur le champ de bataille au point de vue du taux de la pension à allouer aux ayants droit de la victime. Dans tous les autres cas, le taux normal sera appliqué à la veuve et aux autres ayants droit de la victime.

Art. 4. Sont applicables aux bénéficiaires de la présente loi toutes les dispositions de la législation militaire concernant les majorations pour enfants et les soins nécessités par la blessure ou la maladie.

Il ne sera alloué de majoration pour les enfants que du fait d'un seul de leurs auteurs.

Art. 5. Toute personne demandant le bénéfice de la présente loi devra se mettre en instance auprès du Ministre de la guerre dans l'année qui suivra la promulgation de la présente loi ou dans l'année qui suivra l'accident qui s'est produit après cette promulgation.

Ce délai ne commencera à courir, pour les personnes disparues, qu'à partir du jour de leur retour sur le territoire français.

Les demandes seront dispensées de timbre et enregistrées gratis.

Art. 6. Les pensions définitives ou temporaires, majorations et allocations concédées en vertu de la présente loi sont incessibles et insaisissables dans les mêmes conditions que les pensions militaires.

Elles sont soumises aux mêmes restrictions en cas de cumul et aux mêmes causes de déchéance.

Les décisions qui les concernent sont passibles des mêmes recours.

Art. 7. Un règlement d'administration publique déterminera toutes les mesures propres à assurer l'application de la présente loi et, notamment, les justifications relatives au décès, à la disparition, à l'origine et à la gravité des infirmités.

La présente loi, délibérée et adoptée par le Sénat et par la Chambre des députés, sera exécutée comme loi de l'État.

Fait à Paris, le 24 juin 1919.

R. POINCARÉ.

Par le Président de la République :

Le Président du Conseil, Ministre de la guerre,
Georges CLEMENCEAU.

Le Ministre du travail et de la prévoyance sociale,
P. COLLIARD.

Le Ministre de l'intérieur,
J. PAMS.

Le Ministre des finances,
L.-L. KLOTZ.

Décret portant règlement d'administration publique pour l'application de la loi du 24 juin 1919 sur les réparations à accorder aux victimes civiles de la guerre.

RAPPORT AU PRÉSIDENT DE LA RÉPUBLIQUE FRANÇAISE.

Paris, le 10 août 1920.

Monsieur le Président,

La loi du 24 juin 1919 accordant des réparations aux victimes civiles de la guerre a stipulé dans son article 7 qu'un règlement d'administration publique déterminerait toutes les mesures propres à assurer l'application de la présente loi et notamment les justifications relatives au décès, à la disparition, à l'origine et à la gravité des infirmités.

Le décret que j'ai l'honneur de soumettre à votre signature, après approbation du Conseil d'Etat, a pour but d'appliquer à l'instruction des demandes de pensions des victimes civiles de la guerre les règles posées par le décret du 2 septembre 1919 en ce qui concerne l'application de la loi du 31 mars 1919 sur les pensions militaires, sauf dans les cas où l'assimilation entre les deux procédures serait contraire à la nature des choses.

C'est ainsi que la direction de l'instruction des demandes de pension qui, en matière de pensions militaires, est confiée au directeur du service de santé, est attribuée en matière de pension des victimes civiles au préfet du département où réside la victime. L'examen médical des intéressés, par contre, est effectué par le centre de réforme chargé d'examiner les blessés militaires.

Si vous approuvez ces dispositions, j'ai l'honneur de vous prier de vouloir bien revêtir de votre signature le présent décret.

Le Ministre des pensions,
des primes et des allocations de guerre,

MAGINOT.

DÉCRET.

Paris, le 11 août 1920.

Le Président de la République française,

Sur le rapport du Ministre des pensions, des primes et des allocations de guerre,

Vu la loi du 24 juin 1919 sur les réparations à accorder aux victimes civiles de la guerre, notamment l'article 7 ainsi conçu : « Un règlement d'administration publique déterminera toutes les mesures propres à assurer l'application de la présente loi et notamment les justifications relatives au décès, à la disparition, à l'origine et à la gravité des infirmités »;

Vu la loi du 20 octobre 1919 attribuant au Ministre de l'intérieur le service des réparations à accorder aux victimes civiles de la guerre;

Vu les lois des 9 avril 1915 et 28 avril 1916 accordant des allocations aux victimes civiles de la guerre;

Vu la loi du 31 mars 1919 sur les pensions militaires et le décret du 2 septembre 1919 portant règlement d'administration publique pour l'application de ladite loi;

Vu le décret du 26 septembre 1919 portant règlement d'administration publique pour l'application de l'article 64 de la loi du 31 mars 1919, assurant la gratuité des soins médicaux, chirurgicaux et pharmaceutiques aux bénéficiaires de ladite loi;

Vu le décret du 2 octobre 1919 portant règlement d'administration publique pour l'application aux colonies de la loi du 31 mars 1919 sur les pensions militaires;

Vu les articles 6 et 8 de la loi du 30 septembre 1919 et le décret en date du 23 octobre 1919;

Vu la loi du 25 juin 1919 relative aux militaires, marins et civils disparus pendant la durée des hostilités;

Vu l'avis du Garde des sceaux, Ministre de la justice, et ceux des Ministres des affaires étrangères, des finances, de la guerre, de la marine, des colonies et du travail et de la prévoyance sociale;

Vu la loi du 5 août 1920 rattachant au ministère des pensions, des primes et des allocations de guerre le service des victimes civiles de la guerre, précédemment rattaché au ministère de l'intérieur;

Le Conseil d'Etat entendu,

Décrète :

TITRE Iᵉʳ.

CHAPITRE Iᵉʳ.

INSTRUCTION DES DEMANDES DE PENSIONS D'INVALIDITÉ.

Art. 1ᵉʳ. Toute personne victime d'un fait de guerre, qui veut faire valoir ses droits au bénéfice de la loi du 24 juin 1919, doit adresser sa demande, dont la signature est légalisée, au préfet du département où elle réside.

Lorsque le demandeur ne jouit pas de ses droits civils, la demande doit être faite par son représentant légal.

Art. 2. La demande doit mentionner les nom et prénoms de la victime, ses lieu et date de naissance, sa profession et son domicile lors de la mobilisation générale, sa profession et sa résidence actuelles.

La demande énonce les personnes à charge qui peuvent ouvrir droit aux majorations prévues par la loi du 31 mars 1919.

Elle doit indiquer, d'une part, la date, le lieu et les circonstances du fait de guerre et, autant que possible, les noms et adresses des personnes qui en ont été témoins et, d'autre part, les noms et adresses des médecins ou de toute autre personne ayant donné des soins à la victime, ainsi que le lieu ou l'établissement hospitalier où celle-ci a été traitée.

La demande doit également indiquer si l'état de santé de l'intéressé lui rend impossible ou difficile tout déplacement.

Les victimes d'accidents de nature à ouvrir simultanément des droits tant à une pension concédée en vertu de la loi du 24 juin 1919 qu'à une rente ou indemnité non cumulable avec la pension doivent en faire la déclaration dans leur demande de pension et indiquer en même temps la procédure qu'ils ont employée ou ont l'intention de poursuivre.

Enfin, la demande doit faire connaître si l'intéressé bénéficie ou a bénéficié de la loi du 28 avril 1916, accordant des allocations aux victimes civiles de la guerre.

Art. 3. Le préfet enregistre la demande, en accuse réception à son auteur dans les trois jours et en commence immédiatement l'instruction, qui comporte une enquête administrative et une enquête médicale.

Art. 4. L'enquête administrative, dans laquelle tous moyens de preuve sont admis, porte :

a) Sur les circonstances du fait de guerre;

b) Sur la relation de cause à effet entre ce fait de guerre et la mort, la blessure ou la maladie qui motive la demande.

Art. 5. Le préfet du département où réside la victime adresse, dans le cas où le fait de guerre s'est produit dans un autre département, une demande d'enquête au préfet de ce dernier département. Les résultats de l'enquête, soumis également aux prescriptions de l'article précédent, sont immédiatement transmis au préfet qui a enregistré la demande.

Lorsque le fait de guerre s'est produit dans une région où l'enquête ne peut être faite par l'administration préfectorale, la demande d'enquête est adressée au Ministre des pensions, des primes et des allocations de guerre, qui fait procéder à cette mesure d'instruction, suivant le cas, par l'intermédiaire des Ministres des affaires étrangères, de la guerre, de la marine ou des colonies.

Art. 6. Si le demandeur est bénéficiaire de la loi du 28 avril 1916, accordant des allocations aux victimes civiles, et si le dossier constitué à ce titre renferme les éléments d'appréciation suffisants, le préfet transmet le dossier au Ministre des pensions, des primes et des allocations de guerre, qui peut décider qu'il n'y a pas lieu à nouvelle enquête.

Art. 7. Lorsque l'enquête administrative est terminée, le préfet transmet le dossier, qui comprend tous les documents et renseignements relatifs aux blessures, infirmités ou maladies motivant la demande de pension, au médecin-chef du centre de réforme le plus proche de la résidence de l'intéressé.

L'examen médical porte sur l'infirmité et sur le degré d'incapacité de travail de la victime, ainsi que sur la durée présumée de cette incapacité.

Le médecin-chef, saisi de la demande, peut correspondre directement et en franchise avec les autorités civiles et militaires, ainsi qu'avec l'intéressé, en vue d'obtenir tous renseignements complémentaires utiles à l'instruction.

Dès qu'il est en possession des renseignements nécessaires, il avise l'intéressé des jour, lieu et heure auxquels auront lieu les visites médicales.

Il est procédé à ces visites dans les conditions prévues par les articles 5, 6, 7, 8 et 9 du règlement d'administration publique du 2 septembre 1919 sur les pensions militaires.

Toutefois, lorsqu'il y a lieu de mettre l'intéressé en observation dans un hôpital, l'hospitalisation est prescrite par le préfet qui en fixe la durée.

Les personnes ainsi mises en observation ont droit aux indemnités prévues à l'article 24 du présent décret.

Les résultats de l'enquête médicale sont portés à la connaissance du préfet auquel est en même temps retourné le dossier de l'enquête administrative.

Art. 8. Les documents provenant des enquêtes administratives et médicales sont communiqués au demandeur qui, ayant charge de la preuve, sauf dans le cas prévu par l'alinéa 4 de l'article 2 de la loi du 24 juin 1919, peut y répondre par observations écrites et produire tous témoignages, justifications et pièces qu'il juge utiles.

Le tout est joint au dossier qui comprend en outre les pièces justificatives que pourront exiger les instructions ministérielles.

Le préfet assure sans délai l'envoi du dossier au Ministre des pensions, des primes et des allocations de guerre.

Art. 9. Lorsque le Ministre des pensions, des primes et des allocations de guerre est en possession du dossier d'une demande, il statue, après avis de la commission consultative médicale chargée de l'examen des pensions militaires; il notifie sa décision à l'intéressé et procède, s'il y a lieu, à l'établissement du titre de pension.

Art. 10. Le montant des sommes qui ont pu être touchées au titre de la loi du 9 avril 1915 ou de celle du 28 avril 1916 doit être déduit du montant des arrérages échus de la pension ou de l'allocation concédés, sans que jamais le bénéficiaire puisse être astreint à retenue sur les termes à échoir.

CHAPITRE II.

DEMANDE A FIN DE REVISION.

Art. 11. Les demandes en revision prévues aux articles 7 et 68 de la loi du 31 mars 1919 sont, pour tout ce qui concerne les visites médicales et les règles de la procédure, soumises aux dispositions contenues dans les articles ci-dessus.

Toutefois, pour éviter des retards dans le payement des arrérages, les demandes à fin de prorogation ou de conversion de pension temporaire doivent être présentées deux mois avant l'expiration du délai pour lequel la première concession a été faite.

Art. 12. Dans tous les cas où il y a lieu à revision par application de l'article 67 de la loi du 31 mars 1919, il est procédé conformément aux prescriptions dudit article.

TITRE II.

Droits des veuves, des enfants et des ascendants.

CHAPITRE Ier.

DROITS DES VEUVES.

Art. 13. Toute veuve de victime civile qui fait valoir ses droits à une pension au titre de la loi du 24 juin 1919 adresse sa demande, dont la signature doit être légalisée, au préfet du département où elle réside.

Cette demande doit contenir les énonciations prescrites par l'article 2 du présent règlement, être accompagnée des pièces justificatives et mentionner l'existence ou la non-existence d'enfants âgés de moins de 18 ans au jour du décès du mari. Elle fait également connaître s'il y a des enfants pouvant donner lieu à l'application de l'article 20 de la loi du 31 mars 1919.

La demande doit également indiquer si l'intéressée bénéficie ou a bénéficié de la loi du 9 avril 1915 ou de la loi du 28 avril 1916 accordant des allocations aux victimes civiles de la guerre.

Les demandes de pensions en faveur d'orphelins sont présentées par leur représentant légal.

Après instruction de la demande dans les conditions prévues aux articles 4, 5 et 8, le dossier est transmis au Ministre des pensions, des primes et des allocations de guerre.

Art. 14. Lorsqu'il y a lieu à application du dernier paragraphe de l'article 20 de la loi en faveur d'un orphelin atteint d'une infirmité incurable, le mettant dans l'impossibilité de gagner sa vie, l'orphelin lui-même ou son représentant légal adresse une demande au préfet.

Celui-ci saisit le médecin-chef du centre de réforme le plus rapproché du domicile de l'intéressé; le médecin-chef désigne sans délai deux médecins experts pour visiter l'intéressé, qui peut se faire assister par un médecin choisi par lui et produire des certificats qui sont annexés au procès-verbal.

Si la personne dont l'état doit être constaté ne peut pas être transportée, les médecins experts se rendent à son domicile.

Sur le vu des pièces et, s'il y a lieu, après enquête complémentaire, le médecin-chef du centre de réforme donne son avis et fait des propositions qui sont transmises au Ministre des pensions, des primes et des allocations de guerre.

Art. 15. La veuve qui se remarie, étant titulaire d'une pension prévue par la loi et qui entend renoncer à cet avantage en vue d'obtenir le versement immédiat d'un capital, présente sa demande, dont la signature doit être légalisée, au Ministre des finances.

Cette demande doit être faite au plus tard le lendemain de l'expiration de l'année qui suit le nouveau mariage; elle doit faire connaître si, du mariage avec la victime défunte, il subsiste des enfants mineurs vivants.

Les arrérages de la pension de la veuve sont décomptés jusqu'à l'expiration de l'année qui suit le nouveau mariage; le capital est versé contre remise du titre de pension.

S'il y a lieu d'attribuer une pension au profit d'orphelins, celle-ci est liquidée sans délai; le point de départ des arrérages est la date à laquelle est arrêté le payement de ceux afférents à la pension de la mère.

Art. 16. Si une veuve titulaire d'une pension ou d'une rente-accident se remarie, le capital qui lui est versé aux lieu et place des arrérages de cette dernière rente est imputé, selon le cas, soit sur le capital qu'elle peut réclamer en représentation de sa pension, soit sur les arrérages de cette dernière si elle a opté pour sa conservation. Cette imputation s'échelonne sur trois années.

En cas de décès de la veuve avant l'expiration de ce délai, le solde non échu est payé à ses ayants droit.

CHAPITRE II.

DROITS DES ASCENDANTS.

Art. 17. Les demandes d'allocations au titre d'ascendant doivent être adressées au préfet.

Elles sont instruites dans les mêmes conditions que les demandes de pensions de veuves.

Art. 18. Si le décès de la victime a donné lieu à une demande de pension pour veuve ou orphelin, les ascendants qui sollicitent une allocation doivent se référer à cette demande pour tout ce qui concerne les justifications à produire; dans le cas contraire, les demandes sont accompagnées de pièces justificatives.

Art. 19. Lorsque, pour obtenir une allocation, un ascendant, ne remplissant pas les conditions d'âge requises par la loi du 31 mars 1919, invoque les infirmités ou maladies incurables, la demande d'allocation doit en faire mention.

Il en est de même lorsque la mère, veuve, divorcée et non mariée, invoque, pour obtenir une allocation, le fait qu'elle a à sa charge un ou plusieurs enfants infirmes.

Les infirmités ou les maladies sont constatées dans les formes prévues à l'article 13 du présent décret.

Art. 20. Si le Ministre estime qu'il n'y a pas lieu de renouveler une allocation accordée à un ascendant, il saisit le tribunal des pensions par demande motivée et accompagnée de telles justifications que de droit.

Le greffier notifie par lettre recommandée, avec avis de réception, à l'ascendant mis en cause, la requête du Ministre avec les moyens à l'appui et, au moins quinze jours à l'avance, lui fait connaître le jour où l'affaire sera portée devant le tribunal.

Le tribunal statue dans les formes prévues au titre III du décret du 2 septembre 1919. S'il décide que l'ascendant ne remplit pas les conditions fixées par l'article 28 de la loi du 31 mars 1919, sa décision est notifiée par le commissaire du gouvernement au Ministre des finances, qui, sans délai, supprime l'allocation.

Art. 21. Dans les hypothèses prévues par les articles 13 (§ 2), 17, 26 et 33 de la loi du 31 mars 1919, il est statué sur les demandes de pension ou d'allocation seulement après que le tribunal civil, saisi par une simple requête, se sera prononcé en chambre du conseil sur la question de savoir : soit si la victime défunte a été le soutien des enfants issus d'un précédent mariage de sa femme, soit si des circonstances de fait ont empêché la victime de reconnaître un enfant naturel, soit, enfin, si une personne a, dans les conditions de la loi, recueilli, élevé et entretenu un enfant orphelin ou abandonné.

La décision du tribunal est rendue sans frais.

CHAPITRE III.

AYANTS DROIT DES DISPARUS.

Art. 22. Lorsque les ayants droit d'un disparu demandent le bénéfice de la loi du 24 juin 1919, ils peuvent obtenir une pension ou une allocation provisoire, s'il résulte de l'enquête des présomptions graves et concordantes permettant d'attribuer la disparition à un fait de guerre et si le disparu a fait l'objet, suivant les cas, de l'une des dispositions suivantes :

1° Jugement portant déclaration d'absence prévu par l'article 119 du Code civil;

2° Procès-verbal de disparition, par l'officier investi à bord d'un bâtiment de fonctions d'officier de l'état civil, prévu par l'article 87 du Code civil;

3° Décision du Ministre de la marine déclarant la présomption de perte de bâtiment ou la disparition de tout ou partie de l'équipage et des passagers prévue par l'article 88 du Code civil.

La transformation de la pension provisoire en pension définitive ne peut être demandée qu'après le jugement collectif ou individuel déclaratif de décès prévu par les articles 90 et suivants du Code civil, après le jugement déclaratif de décès prévu par l'article 9 de la loi du 25 juin 1919 ou, à défaut, après le jugement prononçant l'envoi en possession définitif prévu par l'article 129 du Code civil.

TITRE III.

Voies de recours.

Art. 23. Toutes les décisions du Ministre des pensions, des primes et des allocations de guerre peuvent faire l'objet d'un recours de l'intéressé, d'abord devant le tribunal des pensions du domicile du demandeur et ensuite devant la cour régionale des pensions institués par les articles 35 et suivants de la loi du 31 mars 1919 et selon la procédure applicable devant ces juridictions.

Toutefois, la notification prévue à l'article 39 du décret du 2 septembre 1919 doit être adressée au Ministre des pensions, des primes et des allocations de guerre, ainsi que l'expédition conforme de la décision du tribunal ou de la cour.

TITRE IV.

Allocations diverses et frais.

Art. 24. Dans le cas de mise en observation dans les conditions de l'article 7 du présent règlement, il est alloué à l'intéressé, en plus du payement des frais d'hospitalisation, une indemnité journalière de 4 francs; il est, en outre, s'il y a lieu, payé à sa femme une somme de 6 francs, majorée de 2 francs pour chaque enfant à sa charge âgé de moins de 16 ans ou atteint d'une infirmité incurable.

Le taux des allocations attribuées, s'il y a lieu, aux médecins experts par personne examinée est fixé par une instruction ministérielle.

Art. 25. Tous les frais qu'entraînent les recours devant les tribunaux et cours des pensions sont réglés au taux et dans les formes prévues par les articles 43 à 49 du règlement d'administration publique du 2 septembre 1919.

TITRE V.

Soins médicaux, chirurgicaux et pharmaceutiques, rééducation professionnelle.

Art. 26. Les dispositions du décret du 26 septembre 1919, portant règlement d'administration publique pour l'application de l'article 64 de la loi du 31 mars 1919, et réglant les conditions dans lesquelles sont accordés aux militaires et marins bénéficiaires de la loi du 31 mars 1919 les soins médicaux et pharmaceutiques, sont applicables aux victimes civiles, bénéficiaires de la loi du 24 juin 1919, sous réserve des modifications suivantes :

Les victimes civiles, bénéficiaires des allocations instituées par la loi du 28 avril 1916, qui attendent la délivrance d'un titre de pension définitive ou temporaire, sont inscrites dans la première section de la liste provisoire, prévue par l'article 6 du décret du 26 septembre 1919.

Les victimes qui sont en instance de pension sont inscrites dans la deuxième section.

Art. 27. Les victimes civiles, qui veulent réclamer le bénéfice de l'article 76 de la loi du 31 mars 1919, relatif à la rééducation professionnelle des militaires atteints de blessures ou d'infirmités ayant ouvert le droit à pension, adressent leur demande à l'office national des mutilés et réformés de guerre.

TITRE VI.

Dispositions concernant les colonies et l'étranger.

Art. 28. Lorsque l'intéressé qui entend faire valoir ses droits au bénéfice de la loi du 24 juin 1919 réside dans une colonie ou un pays de protectorat relevant du ministère des colonies, la demande est adressée au gouverneur ou au chef de la colonie, qui est chargé des fonctions attribuées au préfet; l'examen médical de la victime a lieu dans les conditions prévues par le titre Ier du décret du 2 octobre 1919, portant règlement d'administration publique pour l'application aux colonies de la loi du 31 mars 1919 sur les pensions militaires.

L'instruction achevée, le dossier est transmis au Ministre des pensions, des primes et des allocations de guerre.

Art. 29. Aux colonies, les recours contre les décisions du Ministre des pensions, des primes et des allocations de guerre sont portés devant les juridictions prévues par le titre III du décret du 2 octobre 1919. La notification, prévue à l'article 47 dudit décret, doit toutefois être adressée au Ministre des pensions, des primes et des allocations de guerre.

Les frais qu'entraînent ces recours sont réglés au taux et dans les formes prévus par les articles 54 et suivants dudit décret du 2 octobre 1919.

Art. 30. Lorsque le demandeur réside à l'étranger, il adresse sa demande au Ministre des affaires étrangères; le Ministre fait procéder, par l'intermédiaire de ses agents et par tous moyens en son pouvoir, à l'examen médical, et, si le fait de guerre et ses conséquences se sont produits à l'étranger, il fait procéder, dans les mêmes conditions, à l'enquête administrative.

Si l'enquête doit être faite en France, le Ministre des affaires étrangères transmet la demande au Ministre des pensions, des primes et des allocations de guerre qui, l'instruction achevée, lui en communique, s'il y a lieu, les résultats en vue de l'examen médical de l'intéressé.

Lorsque le dossier est complet, le Ministre des affaires étrangères l'adresse au Ministre des pensions, des primes et des allocations de guerre, qui statue.

Le recours contre la décision du Ministre des pensions, des primes et des allocations de guerre est porté devant le tribunal ou la cour des pensions siégeant à Paris.

Art. 31. Le Ministre des pensions, des primes et des allocations de guerre est chargé de l'exécution du présent décret, qui sera publié au *Journal officiel* de la République française et inséré au *Bulletin des lois*.

Fait à Rambouillet, le 11 août 1920.

P. DESCHANEL.

Par le Président de la République :

Le Ministre des pensions,
des primes et des allocations de guerre,

Maginot.

INSTRUCTION DU 1ᵉʳ DÉCEMBRE 1920

POUR L'APPLICATION DE LA LOI DU 24 JUIN 1919

SUR LES RÉPARATIONS

A ACCORDER AUX VICTIMES CIVILES DE LA GUERRE

ET DU DÉCRET DU 20 AOUT 1920

portant règlement d'administration publique pour l'application
de ladite loi

Instruction pour l'application de la loi du 24 juin 1919 sur les réparations à accorder aux victimes civiles de la guerre, et du décret du 20 août 1920 portant règlement d'administration publique pour l'application de ladite loi.

Paris, le 1ᵉʳ décembre 1920.

PRÉAMBULE.

La loi du 24 juin 1919 a reconnu et déterminé le droit à réparation due aux victimes civiles de la guerre et à leurs ayants droit. Le règlement d'administration publique du 20 août 1919 a fixé les conditions générales d'application de la loi.

La présente instruction a pour but de préciser le détail de ces conditions.

Elle constitue un guide pratique à l'usage des intéressés, des experts, des autorités qui ont à intervenir en la matière.

INTRODUCTION.

La loi du 24 juin 1919 s'inspire à la fois de l'ancienne et de la nouvelle loi sur les pensions militaires d'infirmités.

Elle tient de la loi du 11 avril 1831 en ce qu'elle laisse à la charge du demandeur la preuve que l'infirmité résulte d'un fait de guerre (art. 2 de la loi), sauf lorsque le décès est survenu pendant la captivité en pays ennemi (art. 2, § 4), auquel cas la présomption d'origine joue.

Elle tient de la loi du 31 mars 1919 en ce qu'elle accorde aux victimes civiles ou à leurs ayants droit le bénéfice de l'ensemble des dispositions de cette loi (caractères de la pension, évaluation du dommage en pourcentage d'invalidité, majorations pour enfants, soins gratuits, etc...).

Sauf le cas d'exception relatif à la captivité en pays ennemi, le droit à réparation repose donc sur une triple preuve :

1° Preuve de la réalité du fait de guerre invoqué comme origine de la blessure ou de la maladie;

2° Preuve que la blessure ou la maladie est la conséquence de ce fait de guerre;

3° Preuve que l'infirmité ou le décès est le résultat direct ou par aggravation de la blessure ou de la maladie imputable au fait de guerre.

× ×

Cette origine étant prouvée, pour bénéficier de la loi du 24 juin 1919, il faut en outre :

1° VICTIMES DIRECTES.

a) Que la victime soit française.

b) Que la victime ne puisse pas bénéficier de la loi du 31 mars 1919 sur les pensions militaires.

c) Que le fait de guerre soit survenu entre le 2 août 1914 et le 23 octobre 1920, date d'expiration du délai d'un an fixé à l'article 1er de la loi, sauf prorogation dont il sera ultérieurement parlé (art. 6).

d) Que l'invalidité soit d'au moins 10 p. 100 (dix).

2° AYANTS CAUSE.

A) *Décès.* — En cas de décès de la victime, bénéficient de la loi du 24 juin 1919 :

a) La veuve;

b) A défaut de veuve (décès ou inhabileté), et en représentation de son droit, les orphelins mineurs;

c) Les ascendants, étant entendu que l'allocation de l'ascendant peut être attribuée, même si la pension est servie soit à la veuve, soit aux orphelins.

La veuve, les orphelins, les ascendants doivent, en tout état de cause, remplir les conditions prescrites par la loi du

31 mars 1919; donc, ne peuvent prétendre à pension le veuf dont l'épouse a été victime d'un fait de guerre, ni les enfants du veuf.

D'autre part, lá loi du 24 juin 1919 ne dit pas que pour bénéficier d'une pension d'infirmités ou pour donner lieu à allocation d'ascendant, la victime doit avoir un âge minimum; il en résulte que, quel que soit l'âge de la victime, il y a lieu à pension d'infirmités ou à allocation d'ascendants si les conditions d'attribution sont par ailleurs remplies.

B) *Disparition.* — Suivant l'article 1ᵉʳ (dernier paragraphe) de la loi du 24 juin 1919 : « En cas de disparition dûment constatée, les ayants droit des personnes disparues obtiendront également le bénéfice de la législation sur les pensions militaires. »

Suivant la loi militaire du 31 mars 1919, en cas de disparition, l'épouse ou les enfants viennent comme la veuve ou comme les orphelins, et les ascendants peuvent prétendre à allocation; il doit donc en être de même en ce qui concerne les « disparus » civils.

Toutefois, la notion de disparition est une notion purement militaire et la législation civile ne saurait considérer une disparition comme dûment constatée tant qu'il n'y aura pas une *présomption d'absence.*

MESURE D'ORDRE GÉNÉRAL.

Les diverses autorités appelées à intervenir dans la constitution des dossiers de pension des victimes civiles doivent se conformer strictement, en toute circonstance, à la règle suivante :

Aucun dossier de pension ne doit être constitué, ou transmis, ou détenu au delà des délais prescrits sans que le Ministre des pensions (Service des victimes civiles) en soit informé par une fiche spéciale.

TITRE PREMIER.

Instruction des demandes de pension.
Rôle et attributions des préfets.

En matière de pension de victimes civiles, le rôle des préfets est triple.

Il consiste :

    1° *A accueillir les demandes;*

    2° *A les instruire;*

    3° *A les transmettre.*

CHAPITRE PREMIER.

1° COMPÉTENCE DES PRÉFETS.

Art. 1er. Les formalités administratives nécessitées par les demandes de pension, les réclamations concernant les propositions des experts, les demandes de revision, pour aggravation ou complication, des pensions déjà concédées, la constitution des dossiers sont effectuées, dans chaque département, sous l'autorité du préfet, agissant en l'espèce au nom du Ministre des pensions.

Le préfet adresse les ordres, instructions et observations nécessaires aux diverses autorités appelées à intervenir en la matière; il correspond directement avec les intéressés, les maires, les médecins-chefs des centres de réforme, les médecins-chefs des centres d'appareillage.

2° ENREGISTREMENT DES DEMANDES.

Art. 2. Les préfets tiennent avec le plus grand soin un registre des demandes d'instances, de réclamations ou de revisions qui leur parviennent, ces demandes pouvant constituer le premier acte d'une procédure contentieuse.

Ils en accusent réception aux intéressés et, en même temps, adressent au Ministre des pensions (Service des victimes civiles) un double de la demande, établie conformément aux modèles annexés à la présente instruction : modèles n° 1 (victimes directes), n° 2 (veuves et orphelins), n° 3 (ascendants).

CHAPITRE II.

Demande de pension.

1° VICTIMES DIRECTES.

Art. 3. Les personnes victimes d'un fait de guerre, qui veulent faire valoir leurs droits au bénéfice de la loi du 24 juin 1919, adressent leur demande au préfet du département où elles résident (1). Cette demande doit être rédigée sur une formule du modèle n° 1, établie sur papier libre, en double expédition. Elle est signée par le demandeur; s'il s'agit d'enfants mineurs, par le tuteur. La signature est légalisée par le maire.

Pour faciliter l'exécution de cette formalité, des exemplaires du modèle n° 1 seront déposés dans les préfectures et tenus à la disposition des mairies qui en feront la demande.

Lorsque le préfet reçoit une demande non libellée suivant le modèle régulier, il fait adresser au postulant, en même temps que l'accusé de réception de sa demande, les deux formules du modèle fixé, qui permettront la confirmation de la demande dans la forme réglementaire, ainsi que la liste des pièces justificatives dont il est question à l'article 5.

Si son état de santé lui rend impossible tout déplacement, l'intéressé le mentionne sur sa demande, sous la rubrique spécialement réservée à cet effet, et joint, à l'appui de sa déclaration, un certificat de médecin.

Au reçu de la demande modèle n° 1, établie comme il a été dit ci-dessus, en double expédition, le préfet en adresse, sous bordereau, un des exemplaires au Ministre des pensions (Service des victimes civiles); l'autre exemplaire est versé au dossier.

2° VEUVES, ORPHELINS ET ASCENDANTS.

Art. 4. Les veuves, les orphelins, les ascendants des victimes

---

(1) Les personnes qui se trouvent, au titre de « réfugiés », dans un département autre que celui de leur résidence d'avant-guerre, doivent donc s'adresser au préfet du département où elles résident en qualité de « réfugiées », et non au préfet de leur résidence d'avant-guerre.

civiles adressent leurs demandes de pension au préfet du département de leur résidence. Ces demandes sont établies sur les formules spéciales (modèle n° 2 pour les veuves et orphelins, modèle n° 3 pour les ascendants) et adressées au préfet dans les formes fixées à l'article précédent. Des exemplaires de demandes, modèles n° 2 et 3, seront déposés dans les préfectures et tenus à la disposition des mairies qui en feront la demande.

3° PIÈCES JUSTIFICATIVES A JOINDRE A LA DEMANDE DE PENSION.

Art. 5. Les postulants doivent joindre, à l'appui de leur demande de pension, un certain nombre de pièces justificatives (pièces d'état civil) dont l'énumération figure à l'annexe n° 2 de la présente instruction.

Pour éviter toute perte de temps, il est nécessaire que les intéressés soient prévenus en temps opportun de ces formalités. A cet effet, un exemplaire de la liste faisant l'objet de l'annexe n° 2 leur sera adressé ou remis, par les soins du préfet ou du maire selon le cas, en même temps que les deux exemplaires de la « demande de pension » qu'ils ont à remplir.

4° DÉLAIS.

Art. 6. L'article 5 de la loi du 24 juin 1919 exige que les demandes de pension soient déposées dans l'année, à compter de la promulgation de la loi, soit au plus tard le 24 juin 1920, exception faite cependant pour les demandes basées sur un accident survenu après le 24 juin 1919, cas dans lequel le délai d'un an court depuis la date de l'accident.

Un projet de loi, ayant pour but de proroger le point de départ du délai d'un an, doit être déposé. En attendant le vote de ce projet, toutes les demandes seront reçues et instruites sans qu'il soit tenu compte des délais de forclusion.

CHAPITRE III.

Réclamations. — Demandes de revision.

1° RÉCLAMATIONS.

Art. 7. Tout postulant à pension, qui réclame contre les propositions dont il a été l'objet après expertise, adresse sa réclamation au préfet.

Si la réclamation est formulée avant que le dossier ait été transmis au Ministre des pensions, le préfet doit obligatoirement faire procéder à une contre-expertise médicale par le centre de réforme le plus proche de la résidence du réclamant (1). Les résultats de ce nouvel examen sont joints au dossier.

Si la réclamation est formulée après l'envoi du dossier au ministère des pensions, le préfet la transmet sans délai au Ministre des pensions (Service des victimes civiles).

2° DEMANDE DE REVISION.

Art. 8. Les demandes de revision, formulées conformément aux articles 7 et 68 de la loi du 31 mars 1919 par une victime civile bénéficiaire d'une pension temporaire ou définitive, sont adressées par l'intéressé au préfet; celui-ci accuse réception de la demande et réclame aussitôt le dossier au Ministre des pensions (Service des victimes civiles). Dès qu'il est en possession du dossier, le préfet le transmet, aux fins d'expertise, en y joignant la demande de revision, au médecin-chef du C. S. R. le plus proche de la résidence du demandeur (1).

CHAPITRE IV.

Instruction de la demande.

1° CARACTÈRES ET CONDITIONS DE L'INSTRUCTION.

Art. 9. L'instruction confiée à la diligence du préfet a pour but :

a) *De réunir les pièces d'état civil indispensables à la constitution du dossier;*

b) *D'établir par enquête administrative la réalité du fait de guerre, base du droit à pension.*

Dès réception de la demande de pension, le préfet, pour éviter toute perte de temps, procède simultanément à la réunion des pièces d'état civil et à l'enquête administrative.

---

(1) Voir, page 42, la liste des centres de réforme.

a) Réunion des pièces d'état civil.

Art. 10. Les pièces d'état civil, prévues pour chaque cas particulier à l'annexe 2, peuvent parvenir directement au préfet en même temps que la demande. Ce résultat sera obtenu par l'entremise des municipalités qui ne manqueront pas de renseigner les intéressés sur les diverses formalités que comporte l'établissement de la demande.

Dans le cas contraire, les pièces d'état civil sont réclamées aux postulants dès réception de leur demande. Les maires et autres autorités compétentes seront invités à les procurer aux intéressés de toute urgence et par voie de priorité.

b) Enquête administrative.

Art. 11. Deux cas sont à envisager :

L'enquête administrative est nécessaire;

L'enquête administrative n'est pas nécessaire.

L'enquête administrative est nécessaire *dans tous les cas*, sauf l'exception mentionnée à l'article 14.

L'enquête administrative est conduite exclusivement par le préfet du département où s'est produit le fait de guerre. Si donc le fait s'est produit dans un département autre que celui du préfet détenteur de la demande, celui-ci fait procéder à l'enquête par son collègue du département intéressé. Il avise aussitôt de cette formalité le Ministre des pensions (Service des victimes civiles) au moyen d'une formule modèle n° 4.

Lorsque l'enquête est terminée dans les délais prescrits ci-dessous (trente jours), le préfet enquêteur retourne le dossier au préfet qui avait été saisi de la demande et informe en même temps le Ministre des pensions (Service des victimes civiles) de cette transmission (modèle n° 5). Si l'enquête n'est pas close dans le délai régulier, le préfet enquêteur en rend compte au Ministre des pensions dans la forme prescrite à l'article suivant (modèle n° 7).

Lorsque le fait de guerre s'est produit à l'étranger, sur mer ou aux colonies, c'est-à-dire dans une région où l'enquête ne peut être faite par l'autorité préfectorale, le préfet qui a reçu la demande en informe le Ministre des pensions par une mention spéciale, portée à l'encre rouge, sur l'exemplaire de la demande de pension qu'il doit régulièrement lui transmettre (art. 3). Le Ministre des pensions fait alors procéder à l'enquête.

L'enquête doit être *simple* et *rapide*. Tous les moyens de preuve sont admis.

MOYENS DE PREUVE.

Les moyens de preuve sont de trois sortes :

1° *Preuves écrites*. — Ces preuves sont constituées par tous documents ou pièces émanant d'autorités civiles ou militaires (certificats de toute nature et en particulier certificats et pièces médicales, attestations, rapports, procès-verbaux, etc.).

2° *Preuves orales*. — Ces preuves résultent de témoignages émanant de toute personne susceptible de fournir des renseignements utiles sur les circonstances et les commémoratifs des faits en cause. Ces témoignages sont fournis en premier lieu d'après les indications figurant sur la demande des intéressés; mais le préfet peut aussi faire appel au témoignage de toute autre personne qu'il jugera utile.

Tous ces témoignages doivent être recueillis par des autorités qualifiées, civiles ou militaires (maire, brigade de gendarmerie, chefs de corps ou de service, etc., etc.) et faire l'objet de procès-verbaux signés de témoins et certifiés exacts par les autorités compétentes.

3° *Déclaration sur l'honneur*. — La déclaration sur l'honneur est strictement réservée aux cas de captivité (voir art. 15). Elle doit faire l'objet d'un procès-verbal établi dans les conditions fixées ci-dessus.

2° DÉLAIS D'ENQUÊTE.

Art. 12. L'enquête doit être menée dans un délai minimum de trente jours. Quel qu'en soit son résultat, positif ou négatif, le préfet verse au dossier les pièces et documents qu'il a recueillis.

Si, malgré la plus grande diligence, l'enquête ne peut être considérée comme close dans le délai de trente jours, le préfet en avise également le Ministre des pensions (Service des victimes civiles) et lui rend compte des motifs de ce retard (formule n° 7).

3° TRANSMISSION DU DOSSIER.

Art. 13. L'autorité préfectorale n'a pas à interpréter les résultats de l'enquête; elle n'a pas à apprécier notamment s'il y a eu ou non « fait de guerre » aux termes de la loi et si le droit à pension est ou non ouvert.

S'il s'agit d'un dossier concernant une *victime directe*, le préfet le transmet aux fins d'expertise au médecin-chef du centre de réforme le plus rapproché de la résidence du demandeur (1). Il avise en même temps le Ministre des pensions (Service des victimes civiles) de cette transmission au moyen d'un bulletin modèle n° 6.

S'il s'agit d'un dossier de veuve, orphelin ou ascendant, le préfet le transmet également au médecin-chef du centre de réforme le plus proche aux fins d'avis médico-légal et en informe le Ministre des pensions (Service des victimes civiles) dans la forme prescrite ci-dessus (modèle n° 6).

Au cas où un examen médical (orphelin ou ascendant) est en outre reconnu nécessaire, le préfet prescrit en même temps cet examen particulier au médecin-chef qui fait procéder à la visite médicale dans les conditions fixées à l'article 28 et verse au dossier le certificat établi à la suite de cette visite.

En aucun cas, les préfets ne doivent retenir des dossiers de pension, sous prétexte que l'enquête administrative n'a pas abouti.

4° CAS OÙ L'ENQUÊTE EST JUGÉE INUTILE.

Art. 14. Conformément à l'article 6 du règlement d'administration publique du 10 août 1920, si le demandeur est bénéficiaire de la loi du 26 avril 1916 accordant des allocations aux victimes civiles et si le dossier déjà constitué à ce titre renferme les éléments d'appréciation suffisants, le préfet transmet le dossier au Ministre des pensions sans procéder à une nouvelle enquête. Le Ministre décide, s'il y a lieu, de s'en tenir aux résultats de la première enquête ou, au contraire, s'il convient d'en ouvrir une nouvelle.

5° CAS DE CAPTIVITÉ.

Art. 15. *Dans le cas de blessures ou infirmités contractées en*

---

(1) Voir, page 42, la liste des centres de réforme.

captivité, les préfets conduisent leur enquête administrative d'après les principes établis pour les prisonniers de guerre. La déclaration sur l'honneur et écrite de deux témoins bien famés et connus, civils ou militaires, ayant assisté à l'événement, ou ayant été traités avec l'intéressé ou, enfin, l'ayant assisté ou soigné, permet d'établir l'origine de la blessure ou de l'infirmité.

En ce qui concerne les décès survenus pendant la captivité en pays ennemi, à la suite de maladies, il est rappelé que la loi du 24 juin 1919 a prévu la présomption en faveur des ayants cause et que, par suite, si l'enquête n'a pas pour résultat d'administrer la preuve contraire, la présomption d'origine demeure acquise.

CHAPITRE V.

1° CONSTITUTION DU DOSSIER DE PENSION.

Art. 16. Le dossier de pension est constitué par les soins du préfet détenteur de la demande. Ce dossier doit comprendre les pièces suivantes :

1° La demande de pension modèle n° 1, n° 2 ou n° 3 (suivant le cas);

2° Les pièces d'état civil (correspondant aux divers cas) énumérées à l'annexe 2;

3° Les résultats de l'enquête administrative;

4° Les résultats de l'enquête médicale (certificats d'expertise — victimes directes, orphelins ou ascendants infirmes; rapports, documents médicaux, conclusions médico-légales — veuves, ou, à défaut, ayants droit);

5° Tous autres documents produits par les intéressés à l'appui de leur demande de pension.

Ces divers documents doivent être numérotés et reportés sur un *bordereau énumératif* (modèle n° 10), qui leur sert en même temps de chemise.

2° FICHIER.

Art. 17. Chaque préfecture tient un fichier alphabétique spécial. Chaque dossier de pension fait l'objet d'une fiche comportant un numéro d'ordre correspondant au numéro du dossier. Sur cette

fiche sont portées, par ordre chronologique, les diverses muta-
tions du dossier, ainsi que les décisions intervenues.

TITRE II.

Enquête médicale.
Rôle et attributions des centres de réforme.

*En matière de pension de victimes civiles, le rôle des centres
de réforme est double.*

Il consiste :

En ce qui concerne les victimes directes :

1° A pratiquer les expertises nécessaires;

2° A poser des conclusions médico-légales.

*En ce qui concerne les pensions de veuves, ou, à défaut,
d'ayants droit.*

*1° A compléter, si nécessaire, l'enquête au point de vue
médical;*

2° A poser des conclusions médico-légales.

CHAPITRE PREMIER.

Rôle des centres de réforme en matière de victimes directes.

1° COMPÉTENCE DES MÉDECINS-CHEFS.

Art. 18. Lorsque l'enquête administrative est terminée, et quels
que soient les résultats de cette enquête, le dossier est transmis
directement par le préfet au médecin-chef du centre de réforme
le plus proche de la résidence du postulant (1).

Le médecin-chef fait procéder aussitôt aux expertises médicales. A cet effet, il convoque directement les intéressés. Il peut
correspondre avec eux en franchise, ainsi qu'avec les autorités
civiles et militaires susceptibles de lui fournir tous renseignements complémentaires nécessaires à l'enquête médicale, étant

---

(1) Voir, page 42, la liste des centres spéciaux de réforme.

entendu que le centre n'a à intervenir en aucune façon dans la constitution du dossier administratif.

Les expertises doivent être pratiquées dans un délai maximum de *quinze jours*, à dater du jour de réception du dossier.

Lorsque le dossier, complété par les certificats d'expertise, est retourné au préfet, le médecin-chef en rend compte directement au Ministre des pensions (Service des victimes civiles) en lui adressant un compte rendu modèle n° 8.

Si l'expertise n'a pu avoir lieu dans les quinze jours, le médecin-chef en avise le Ministre des pensions (Service des victimes civiles) et rend compte des motifs de ce retard (modèle n° 9).

2° EXPERTISES.

a) Règles générales.

Art. 19. Les expertises ont lieu, en principe, *au centre de réforme* et dans les mêmes conditions générales que celles concernant les anciens militaires. Elles peuvent également être pratiquées à l'occasion d'une *tournée cantonale*.

Si le postulant s'est déclaré *intransportable*, soit lors de sa demande de pension (art. 3), soit lors de sa convocation, les examens médicaux sont exécutés à son domicile. L'intéressé doit joindre à l'appui de sa déclaration un certificat de médecin constatant que son état lui interdit tout déplacement.

b) Examen des femmes et des vieillards.

Art. 20. En ce qui concerne les examens des *femmes*, les médecins-chefs de centres de réforme veillent avec la plus scrupuleuse attention à ce qu'un local spécial soit affecté à ces examens. Le personnel assistant (secrétaire ou autre) doit être exclusivement féminin.

Les vieillards, les mères de famille ou les veufs pères de famille seront, en principe, considérés comme intransportables et, à ce titre, visités à domicile.

c) Mise en observation.

Art. 21. Si une mise en observation, dans un hôpital ou dans un service de spécialité, est reconnue nécessaire, le médecin-chef en rend immédiatement compte au préfet, qui prescrit l'hospitalisation et en fixe la durée, sur la proposition du médecin-chef. De toutes façons, la mise en observation doit être une mesure d'exception et réservée exclusivement aux cas litigieux. Elle n'a jamais lieu au centre de réforme même, mais dans l'hôpital civil ou le service de spécialité le plus proche.

L'intervention des spécialistes doit être réservée strictement aux cas bien spéciaux et bien délimités, pour lesquels les experts en médecine générale n'auraient pas toute la compétence voulue (affections des yeux, des oreilles, de la gorge et du nez, examens bactériologiques).

Quant aux expertises concernant des infirmités qui relèvent de la médecine générale, ce n'est qu'à titre tout à fait exceptionnel, en cas de litige ou de contre-expertise, qu'elles seront confiées à des médecins plus particulièrement qualifiés par une spécialisation ou des titres scientifiques.

d) Examen médical.

Art. 22. L'examen médical est pratiqué par deux médecins experts du centre de réforme (médecins civils vacateurs ou médecins militaires désignés par le médecin-chef).

A chaque examen médical, l'intéressé peut se faire assister par un médecin de son choix. Il produit aux médecins-experts tous certificats médicaux ou documents qu'il juge utile. Ces documents sont annexés au dossier si l'intéressé en manifeste le désir.

Cet examen porte :

1° *Sur la nature de l'infirmité;*

2° *Sur le degré d'invalidité;*

3° *Sur la durée de l'invalidité.*

Pas plus qu'en matière d'indemnisation militaire, l'expert ne doit faire entrer en ligne de compte la profession exercée par le postulant. Il se sert, pour l'appréciation du degré d'invalidité, du barème de 1919, figurant au tableau synoptique. (Instruction n° 831 Ci/7 du 8 juillet 1919.) (1).

L'évaluation des infirmités est faite selon les règles de détail fixées aux articles 39, 40, 41, 42 et 43 de l'instruction du 21 mai 1920.

e) Conclusions médico-légales de l'expertise. — Etablissement des certificats.

Art. 23. Les résultats de l'expertise pratiquée par chacun des médecins experts sont consignés sur un certificat. Le modèle 3 prévu pour les militaires et anciens militaires, et décrit aux

---

(1) Les victimes civiles n'étant pas justiciables des barèmes relevant des lois et règlements antérieurs à la promulgation de la loi du 31 mars 1919 (loi de 1831, échelle de gravité de 1889, barème de 1915), l'article 65 de la loi du 31 mars 1919 ne leur est pas applicable. Leur invalidité doit donc toujours être appréciée d'après le barème de 1919 prévu à l'article 9 de la loi du 31 mars 1919.

articles 45, 46 et 47 de l'instruction précitée, peut être utilisé, sous réserve des modifications suivantes (1) :

A) *Préambule* : rien à changer aux formules des certificats;

B) *Libellé des infirmités.*

1er point : *Diagnostic.* — L'expert suit les règles décrites à l'article 46 de l'instruction précitée;

2e point : *Appréciation de la relation de cause à effet entre les infirmités et la blessure ou la maladie cause de l'instance.* — Ici, la formule du modèle doit être modifiée. En effet, la présomption d'origine n'étant pas prévue par la loi du 24 juin 1919 en faveur des victimes directes, le droit à réparation repose sur une triple preuve, ainsi qu'il a été exposé plus haut (Introduction) :

La preuve de la réalité du fait de guerre, invoqué comme origine de la blessure ou de la maladie;

La preuve que la blessure ou la maladie est la conséquence de ce fait de guerre;

La preuve que l'infirmité constatée par les médecins-experts est le résultat direct, ou par aggravation, de la blessure ou de la maladie imputable au fait de guerre.

La première preuve est établie par l'enquête administrative.

La deuxième et la troisième preuves relèvent de l'enquête médicale et, en particulier, des constatations faites par les médecins experts.

En matière de victimes civiles, les experts doivent donc apprécier, comme ils le faisaient jadis, vis-à-vis des militaires justiciables de la loi de 1831, la relation médicale de cause à effet entre les infirmités qu'ils constatent, et le fait invoqué comme origine desdites infirmités.

Par suite, la formule 2° du certificat modèle n° 3 doit être modifiée de la façon suivante :

« 2° Que ces infirmités résultent (ou ne résultent pas), médicalement parlant (directement ou par aggravation), de la cause invoquée par l'intéressé (2). »

---

(1) Voir ci-contre le modèle de certificat n° 3 modifié conformément à la présente instruction.

(2) Spécifier la cause : obus, balle, bombe d'avion, chute, mauvais traitements, etc., etc.

MODÈLE N° 3.

Art. 45, 46 et 47 de l'Instruction du 31 mai 1920 et art. 8 du Règlement d'administration publique du 2 septembre 1919.

MINISTÈRE
DES PENSIONS.

— RÉGION. —

Centre de réforme
de

PLACE
de

OBJET DU CERTIFICAT.

Demande d'admission à la pension d'infirmités.

(1) Nom, prénoms, grade et emploi du médecin.
(2) Soit *blessures*, soit *infirmités*, soit *blessures et infirmités*.
(3) Nom, prénoms, grade, etc., de l'intéressé.
(4) Voir au verso.
(5) Biffer la formule inutile.
(6) Spécifier la cause (obus, balle, bombe d'avion, mauvais traitements, etc., etc.)
(7) En cas d'infirmités multiples, spécifier l'évaluation afférente à chacune des infirmités en ajoutant les majorations prescrites et en terminant par le taux global.
(8) Mentionner le cas échéant :
« Avec droit au bénéfice de l'art. 10 de la loi du 31 mars 1919. »

RÉPUBLIQUE FRANÇAISE.

CERTIFICAT
D'EXPERTISE MÉDICALE.

L'an mil neuf cent   , le
Nous, (1)

Après avoir pris connaissance de la demande et des pièces spécifiant les causes, la nature et les suites des (2)   présentées à notre examen par (3)

Certifions avoir reconnu :

1° Qu'il est atteint de : (4)

2° Que ces infirmités {résultent (5) / ne résultent pas}, médicalement parlant {directement (5) / par aggravation} de la cause (6) invoquée par l'intéressé.

3° Que les infirmités (5) {sont / ne sont pas} {incurables en tous leurs éléments.

En conséquence, estimons :

Que le degré d'invalidité en peut être évalué (7) à   %

avec } pension (5) {temporaire.
sans }   {permanente.

(8)

Le Médecin expert,

3ᵉ point : *Appréciation de l'incurabilité. Sans changement.*

C) *Conclusion du certificat.* — La première partie (1°) des conclusions fixées par l'article 47 de l'instruction précitée est conservée. Cette partie comprend :

1° L'évaluation du degré de l'invalidité;

2° La proposition de pension temporaire ou permanente;

3° La constatation du droit au bénéfice de l'article 10.

L'expert se prononce sur ces trois points dans les mêmes formes qu'en matière de pension militaire.

La deuxième partie (2° et 3°) du certificat modèle n° 3, qui a trait à la situation militaire, est sans emploi dans les circonstances et demeure inutilisée.

Il demeure entendu que les victimes civiles bénéficiant de la procédure applicable à la constitution des dossiers de pension des victimes militaires, les certificats médicaux faisant partie des dossiers de pension des victimes civiles ne sont pas astreints à la formalité du timbre.

3° FORMALITÉS A ACCOMPLIR APRÈS L'EXPERTISE. COMMUNICATION DES DOSSIERS AUX INTÉRESSÉS.

Art. 24. Quand l'expertise est terminée, les certificats d'experts sont versés au dossier.

Conformément à l'article 8 du règlement d'administration publique, le dossier est communiqué à l'intéressé. Celui-ci peut prendre copie des documents qui le constituent. Il peut y répondre par observations écrites et produire tous témoignages, justifications et pièces, qui sont alors versées au dossier.

Ces formalités accomplies, le médecin-chef fait aussitôt retour du dossier au préfet. Il avise, en même temps et directement de cet envoi, le Ministre des pensions (Service des Victimes civiles) au moyen d'un bulletin n° 8, ainsi qu'il a été spécifié à l'article 18.

Les commissions de réforme, compétentes vis-à-vis des victimes militaires, n'ont, en aucun cas, à intervenir en ce qui concerne les victimes civiles de la guerre.

Dès réception du dossier, complété par les certificats d'expertise, le préfet en assure la transmission immédiate au Ministre des pensions (Service des Victimes civiles).

CHAPITRE II.

Rôle des centres de réforme en matière de pension de veuve, ou, à défaut, d'ayants droit.

1° EXAMEN SUR PIÈCES ET AVIS MÉDICO-LÉGAL.

Art. 25. Conformément à l'article 13 (3° alinéa), lorsque les pièces d'état civil nécessaires ont été rassemblées et que l'enquête administrative est terminée, le préfet transmet le dossier de pension de veuve, ou, à défaut, d'ayant droit au médecin-chef du centre de réforme le plus proche, aux fins d'avis médico-légal.

Cet avis médico-légal est exprimé par le médecin-chef et résulte de l'examen des pièces du dossier.

Deux cas peuvent se présenter :

a) Les documents recueillis au cours de l'enquête administrative sont suffisants pour permettre au médecin-chef de se prononcer en connaissance de cause.

Il émet son avis et pose ses conclusions d'après la formule du modèle n° 11;

b) Les documents recueillis au cours de l'enquête administrative sont insuffisants. Le médecin-chef complète l'enquête au point de vue médical, en demandant lui-même directement les renseignements qui lui sont nécessaires, d'après les règles générales prescrites pour l'exécution de l'enquête administrative (art. 11). Il pose ensuite ses conclusions médico-légales dans la forme indiquée ci-dessus.

2° FORMALITÉS A ACCOMPLIR APRÈS EXAMEN DE L'AFFAIRE.

Art. 26. Les documents médicaux recueillis, le cas échéant, au cours du supplément d'enquête sont versés au dossier, ainsi que les conclusions du médecin-chef. Le dossier ainsi complété est aussitôt retourné au préfet qui en donne communication à l'ayant droit dans les conditions prévues à l'article 8 du règlement d'administration publique du 10 août 1920 et le transmet aussitôt au Ministre des pensions (Service des Victimes civiles).

En même temps qu'il fait retour au préfet du dossier de pension, le médecin-chef informe le Ministre des pensions (Service des Victimes civiles) de cette transmission, au moyen du bulletin modèle n° 8.

Au cas où l'avis médical n'a pu être émis dans le délai prescrit (quinze jours) pour supplément d'enquête médicale, le médecin-chef en informe le Ministre des pensions (Service des Victimes civiles), en lui adressant le bulletin modèle n° 9.

CHAPITRE III.

Archives.

Art. 27. Par analogie avec les dispositions de l'article 29 de l'instruction du 31 mai 1920, un fichier et un registre nominatif spécial concernant les victimes civiles de la guerre sont tenus dans chaque centre de réforme.

Le registre est divisé en deux parties :

La première partie est destinée aux victimes directes. La deuxième est réservée aux dossiers de veuves, ou, à défaut, d'ayants droit.

Un dossier composé des minutes et duplicata des certificats d'expertise et autres documents médicaux est constitué pour chaque affaire et conservé avec soin aux archives du centre de réforme.

TITRE III.

Dispositions spéciales.

CHAPITRE PREMIER.

Dispositions spéciales concernant les expertises.

1° EXAMENS SPÉCIAUX.

Art. 28. Indépendamment de l'examen médical des victimes directes, les centres de réforme sont chargés de procéder, le cas échéant, à la visite des ascendants et orphelins atteints d'infirmités incurables, ou des enfants infirmes d'ascendants.

Ces examens médicaux se font dans les conditions prévues pour l'application des articles 20 et 28 de la loi du 31 mars 1919, c'est-à-dire conformément aux prescriptions générales de l'article 59 de l'instruction du 31 mai 1920. Les conclusions des certificats sont également rédigées d'après les règles fixées audit article.

L'ordre de visite émane du préfet, auquel ces ayants cause ont adressé leur demande. Celui-ci, conformément à l'article 14 du règlement d'administration publique, saisit directement le médecin-chef du centre de réforme le plus rapproché de la résidence des personnes à visiter.

Le certificat établi à la suite de la visite est versé au dossier.

2° EXPERTISES SUPPLÉMENTAIRES.

Art. 29. Le médecin-chef du centre de réforme peut faire procéder à une contre-expertise dans l'un des deux cas suivants :

1° Sur l'ordre du préfet, dans les conditions prévues au 2e alinéa de l'article 7;

2° De sa propre autorité, si la réclamation de l'intéressé lui est formulée directement, après la première expertise et avant le renvoi du dossier au préfet.

Dans l'un et l'autre cas, les nouveaux certificats établis dans les conditions précédemment fixées, sont versés au dossier qui suit ensuite sa destination normale.

3° INDEMNITÉS ET ALLOCATIONS DIVERSES.

Art. 30. a) *Personnes convoquées aux expertises.* — Les personnes convoquées aux expertises et celles mises en observation ont droit aux indemnités prévues aux articles 25, 26 et 34 de l'instruction du 31 mai 1920.

Ces indemnités leur sont payées par les soins du centre de réforme, d'après les règles fixées pour les anciens militaires. A cet effet, il est tenu, au centre de réforme, un registre d'allocations et indemnités, spécialement réservé aux victimes civiles.

Il demeure entendu que l'indemnité journalière de 6 francs, majorée de 2 francs pour chaque enfant, prévue à l'article 24 du règlement d'administration publique, ne peut être due qu'à la femme et aux enfants d'une victime civile du sexe masculin.

b) *Allocations aux médecins experts.* — Les vacations et indemnités de déplacement dues aux médecins experts sont celles prévues aux articles 18 et 57 de l'instruction du 31 mai 1920.

CHAPITRE II.

Soins médicaux, chirurgicaux et pharmaceutiques. — Appareillage. — Rééducation professionnelle.

1° SOINS GRATUITS.

Art. 31. Les victimes civiles pensionnées ou en instance de pension ont droit aux soins médicaux et chirurgicaux, ainsi qu'aux médicaments gratuits, nécessités par l'infirmité ou les suites de l'infirmité qui a motivé la pension ou la demande de pension.

Sont applicables toutes les dispositions du décret du 26 septembre 1919 et les instructions de détail données, soit par le Ministre de l'intérieur, soit par le Ministre des pensions en faveur des victimes militaires, sous réserve des modifications prévues par l'article 26 du règlement d'administration publique du 11 août 1920.

Par suite, les « listes spéciales » comportent :

1° Une liste permanente divisée en deux sections.

La 1re section de la liste permanente comprend les noms des titulaires de pension définitive ou temporaire.

La 2e section comprend les noms des titulaires d'une pension temporaire qui a été supprimée, sans conversion en pension définitive.

2° Une liste provisoire divisée en deux sections.

La 1re section de la liste provisoire comprend les noms des bénéficiaires des allocations instituées par la loi du 28 avril 1916.

La 2e section comprend les noms des victimes civiles qui sont en instance de pension.

Des carnets spéciaux de bons de visite à l'usage des victimes civiles (carnets roses) sont déposés dans les préfectures et tenus à la disposition des maires qui en font la demande.

2° APPAREILLAGE.

Art. 32. Les victimes civiles de la guerre ont droit à l'appareillage au même titre et dans les mêmes conditions que les militaires et anciens militaires, c'est-à-dire *pour les infirmités qui ont ouvert leur droit à pension.*

Les victimes civiles adressent leur demande d'appareillage au préfet qui en saisit le chef du centre d'appareillage le plus rapproché de la résidence des intéressés. Celui-ci a toute qualité pour examiner les droits à appareillage, convoquer directement les personnes et procéder aussitôt aux formalités d'appareillage.

Toutes les dispositions prévues en faveur des victimes militaires sont applicables aux victimes civiles.

Un livret d'appareillage est délivré à chaque mutilé. Il doit être présenté lors de toute convocation au centre d'appareillage.

Appareils. — Le mutilé a le droit de choisir son appareil parmi les modèles approuvés par les commissions spéciales et sur les conseils des médecins spécialistes du centre.

Les amputés des membres ont droit à deux appareils de prothèse (soit deux appareils définitifs, soit deux appareils de secours, soit un appareil définitif et un de secours).

Les mutilés non amputés ont droit à deux appareils d'orthopédie du même modèle ou de modèle différent.

Chaussures. — Les chaussures sont ainsi réparties :

1° Mutilés du pied et amputés partiellement du pied.

   a) Le mutilé du pied a droit, pour le pied normal, à une chaussure à titre de première mise seulement;

   b) Pour le pied mutilé, il a droit à deux chaussures renouvelables après usure constatée.

2° Amputés du membre inférieur.

   L'amputé du membre inférieur a droit à une paire de chaussures à titre de première mise seulement.

   La chaussure du pied artificiel est considérée comme une chaussure orthopédique et est renouvelée ou réparée gratuitement après usure constatée.

Voiturettes. — Des voiturettes sont allouées aux invalides à qui l'appareillage normal ne permet pas une marche utile, notamment aux mutilés des deux jambes et aux désarticulés de hanche incapables de se servir utilement de leurs appareils de prothèse.

Prothèse oculaire. — Les mutilés présentant l'énucléation d'un ou des deux yeux ont droit, par an, à deux yeux artificiels par cavité orbitaire, quand celle-ci peut tolérer et maintenir une pièce prothétique.

Prothèse maxillo-faciale. — Les mutilés de la face n'ont droit qu'à un appareil maxillo-facial qui est réparé, modifié ou remplacé toutes les fois que l'intérêt du blessé l'exige.

Bandages spéciaux. — Les mutilés de l'abdomen ont droit aux bandages spéciaux et aux appareils abdominaux. Ces bandages et appareils sont remplacés ou réparés suivant les nécessités.

Indemnités. — Les victimes civiles, convoquées ou hospitalisées pour appareillage, ont droit aux indemnités et frais de déplacement alloués aux anciens militaires (hommes de troupe) en instance d'appareillage. Ces indemnités et frais de déplacement leur sont payés par les soins du centre d'appareillage, dans les mêmes conditions que les anciens militaires.

3° RÉÉDUCATION PROFESSIONNELLE.

Art. 33. Les victimes civiles ont droit au bénéfice de l'article 76 de la loi du 31 mars 1919 relatif à la rééducation professionnelle des militaires. Conformément à l'article 27 du règlement d'administration publique, les personnes qui veulent être rééduquées adressent leurs demandes directement à l'Office national des mutilés et réformés de guerre, 6, avenue Constant-Coquelin, à Paris.

CHAPITRE III.

Dispositions spéciales aux victimes civiles résidant aux colonies et à l'étranger.

1° PENSION D'INFIRMITÉ.

Art. 34. Les formalités à accomplir par les victimes civiles résidant aux colonies et à l'étranger sont prévues en détail par les articles 28, 29 et 30 du règlement d'administration publique.

En ce qui concerne plus particulièrement les examens médicaux, les règles à suivre sont celles prévues par l'article 88 de l'instruction du 31 mai 1920.

Seule est supprimée l'intervention du centre et de la commission de réforme du gouvernement militaire de Paris, prévue pour

les anciens militaires et incompétents en matière de victimes civiles.

2° SOINS GRATUITS.

Art. 35. A l'étranger, les listes spéciales des bénéficiaires de
soins gratuits sont tenues par les consuls. Les soins médicaux et
les médicaments sont assurés gratuitement aux victimes civiles
dans les mêmes conditions qu'aux victimes militaires.

3° APPAREILLAGE.

Art. 36. Les victimes civiles résidant à l'étranger sont appa-
reillées d'après les dispositions prévues pour les victimes militaires par l'instruction interministérielle du 24 novembre 1919.
Les demandes sont adressées aux consuls qui font procéder aux
formalités nécessaires.

MAGINOT.

Liste des villes où siègent les centres spéciaux de réforme.

G. M. P.

Versailles.
Boulogne-sur-Seine.

1re région.

Lille.
Boulogne-sur-Mer.

2e région.

Amiens.
Sedan.
Compiègne.

3e région.

Rouen.
Evreux.
Caen.
Le Havre.

4e région.

Le Mans.
Chartres.
Laval.

5e région.

Orléans.
Fontainebleau.

6e région.

Châlons.
Bar-le-Duc.

7e région.

Besançon.
Belfort.

8e région.

Bourges.
Chalon-sur-Saône.
Dijon.

9e région.

Tours.
Angers.
Poitiers.

10e région.

Rennes.
Saint-Brieuc.
Saint-Lô.

11e région.

Nantes.
Quimper.
Vannes.

12e région.

Limoges.
Périgueux.

13e région.

Clermont-Ferrand.
Roanne.
Saint-Etienne.

14e région.

Lyon.
Grenoble.
Chambéry.
Valence.

15e région.

Marseille.
Nimes.
Nice.
Toulon.
Bastia.

16e région.

Montpellier.
Béziers.
Albi.
Rodez.

17e région.

Toulouse.
Agen.

18e région.

Bordeaux.
Pau.
Bayonne.
Saintes.

19e région.

Alger.
Oran.
Constantine.

20e région.

Nancy.
Troyes.
Neufchâteau.

21e région.

Epinal.
Chaumont.

Alsace.

Strasbourg.
Colmar.

Lorraine.

Metz.

Tunisie.

Tunis.

Maroc.

Casablanca.

ANNEXE Nº 1.

MODÈLES.

<table>
<tr><td>

DÉPARTEMENT

d

—

COMMUNE

d

</td><td>

RÉPUBLIQUE FRANÇAISE.

———

</td><td>

MODÈLE N° 1.

—

Art. 3 de l'instruction
du
1er décembre 1920.

</td></tr>
</table>

DEMANDE DE PENSION (*victime directe*).

(A établir en double exemplaire.)

———

Je soussigné   , né à   , le   ,
exerçant lors de la mobilisation la profession de   , demeurant lors de la mobilisation à   , exerçant actuellement la profession de   , demeurant actuellement à   ,
sollicite le bénéfice des dispositions de la loi du 24 juin 1919 sur les réparations à accorder aux victimes civiles de la guerre.

La (1) { blessure / maladie } dont je suis atteint m'a été occasionnée dans les circonstances suivantes (2)

J'indique à titre de témoins (3)

J'ai été soigné par (4)
à (5)
(1) J'ai   .enfants âgés de moins de 18 ans.
Ci-joint les *extraits de naissance* de chacun d'eux, ainsi *qu'un certificat de vie collectif*.
(1) Je n'ai pas d'enfants âgés de moins de 18 ans.

Je déclare (1) { avoir perçu / n'avoir pas perçu } les allocations et majorations de la loi du 28 avril 1916 en qualité de victime civile de la guerre depuis le (6)

Je certifie qu'aucune indemnité ou rente ne m'a été allouée en raison de la blessure (*ou* maladie) pour laquelle j'invoque le bénéfice de la loi du 24 juin 1919.

Je déclare (7) que mes infirmités m'empêchent de me déplacer, ainsi qu'en témoigne le certificat médical ci-joint.
(8)

Signature (légalisée) (9).

———

(1) Biffer la formule inutile.
(2) Indiquer les circonstances du fait de guerre.
(3) Noms et adresses des témoins.
(4) Noms des personnes qui ont soigné la victime.
(5) Indication de l'établissement où elle a été traitée.
(6) Indiquer la date d'admission à l'allocation.
(7) Formule à ne remplir que lorsque le demandeur est intransportable.
(8) S'il s'agit d'un accident donnant ouverture à pension tant en vertu de la loi du 9 avril 1898 que de celle du 24 juin 1919, le demandeur doit indiquer la procédure qu'il désire suivre.
(9) Du père ou tuteur s'il s'agit d'un enfant mineur.

DÉPARTEMENT

d

COMMUNE

d

RÉPUBLIQUE FRANÇAISE.

MODÈLE N° 2.

Art. 4 de l'instruction
du
1er décembre 1920.

DEMANDE DE PENSION (*veuve et orphelin*).

(A établir en double exemplaire.)

Je soussigné   né à   , le   , demeurant
exerçant lors de la mobilisation la profession de
lors de la mobilisation à   , exerçant actuellement la profession
de   , demeurant actuellement à
sollicite le bénéfice des dispositions de la loi du 24 juin 1919 sur les réparations à accorder aux victimes civiles de la guerre.

Le décès (1) { de mon mari / du père de l'enfant orphelin } s'est produit dans les circonstances suivantes (2)

J'indique à titre de témoins (3)

J'ai été soigné par (4)
à (5)
(1) J'ai   enfants âgés de moins de 18 ans.
Ci-joint les *extraits de naissance* de chacun d'eux, ainsi qu'un *certificat de vie collectif.*
(1) Je n'ai pas d'enfants âgés de moins de 18 ans.

Mon mari (1) { avait   enfant d'un précédent mariage (6) / n'avait pas d'enfant d'un précédent mariage.

Je déclare (1) { avoir perçu / n'avoir pas perçu } les allocations et majorations de la loi du 9 avril 1915 ou de la loi du 28 avril 1916 en qualité d'ayant droit de victime civile depuis le (7)

Je certifie qu'aucune indemnité ou rente n'a été allouée, en raison du décès (1) { de mon mari / du père de l'enfant } pour lequel j'invoque le bénéfice de la loi du 24 juin 1919.
(8)

Signature (légalisée) (9).

---

(1) Biffer la formule inutile.
(2) Indiquer les circonstances du décès.
(3) Noms et adresses des témoins.
(4) Noms des personnes qui ont soigné la victime.
(5) Indication de l'établissement où elle a été soignée.
(6) Dans l'affirmative, indiquer le nombre des enfants au-dessous de 18 ans et joindre les mêmes pièces que ci-dessus (extrait de naissance, certificat de vie).
(7) Indiquer la date d'admission à l'allocation.
(8) S'il s'agit d'un décès donnant ouverture à pension, tant en vertu de la loi du 9 avril 1898 que de celle du 24 juin 1919, le demandeur doit indiquer la procédure qu'il désire suivre.
(9) De la veuve ou du tuteur, s'il s'agit d'un enfant mineur.

<table>
<tr><td>

DÉPARTEMENT

/d

—

COMMUNE

d

</td><td>

RÉPUBLIQUE FRANÇAISE.

———

</td><td>

MODÈLE N° 3.

—

Art. 4 de l'instruction
du
1ᵉʳ décembre 1920.

</td></tr>
</table>

DEMANDE DE PENSION (*ascendant*).

(A établir en double exemplaire.)

———

Je soussigné   , né à   , le   , demeurant lors de la mobilisation la profession de   , demeurant lors de la mobilisation à   , exerçant actuellement la profession de   , demeurant actuellement à
sollicite le bénéfice des dispositions de la loi du 24 juin 1919 sur les réparations à accorder aux victimes civiles de la guerre.

Le décès de (1)   s'est produit dans les circonstances suivantes (2)

J'indique à titre de témoins (3)

J'ai été soigné par (4)
à (5)

(6) { 1° Je suis âgé de
2° Je suis atteint d'une maladie incurable.
3° Je suis veuve, divorcée, non mariée et ai à ma charge enfant de moins de 16 ans.

Je déclare (6) { avoir perçu / n'avoir pas perçu } les allocations ou majorations de la loi du 9 avril 1915 ou de la loi du 28 avril 1916, en qualité d'ayant droit de victime civile depuis le (7)

Je certifie qu'aucune indemnité ou rente n'a été allouée en raison du décès de (1)   pour lequel j'invoque le bénéfice de la loi du 24 juin 1919.
(8)

Signature (légalisée).

———

(1) Mon fils *ou* ma fille, mon petit-fils *ou* ma petite-fille, enfant recueilli ou entretenu suivant le cas.
(2) Indiquer les circonstances du décès.
(3) Noms et adresses des témoins.
(4) Noms des personnes qui ont soigné la victime.
(5) Indication de l'établissement où elle a été soignée.
(6) Biffer la formule inutile.
(7) Indiquer la date d'admission à l'allocation.
(8) S'il s'agit d'un décès donnant ouverture à pension, tant en vertu de la loi du 9 avril 1898 que de celle du 24 juin 1919, le demandeur doit indiquer la procédure qu'il désire suivre.

DÉPARTEMENT

d

RÉPUBLIQUE FRANÇAISE.

MODÈLE N° 4.

Art. 11 de l'instruction
du
1er décembre 1920.

COMPTE RENDU

AU MINISTRE DES PENSIONS, PRIMES ET ALLOCATIONS DE GUERRE.

Le Préfet d   a l'honneur de rendre compte
à M. le Ministre des pensions, primes et allocations de guerre (Service des
victimes civiles) qu'il transmet ce jour   , aux fins d'enquête
administrative, au Préfet d   , la demande
de pension émanant de M.   , demeurant à   ,
et reçue le   .

A   , le   192   .

Le Préfet,

DÉPARTEMENT

d

RÉPUBLIQUE FRANÇAISE.

MODÈLE Nº 5.

Art. 11 de l'instruction
du
1ᵉʳ décembre 1920.

COMPTE RENDU

AU MINISTRE DES PENSIONS, PRIMES ET ALLOCATIONS DE GUERRE.

Le Préfet d   saisi en date du

par le Préfet d   de l'enquête administrative

concernant la demande de pension de M.   , demeurant

à   , a l'honneur de rendre compte à M. le Ministre des

pensions, primes et allocations de guerre (Service des victimes civiles)

qu'après avoir fait procéder à ladite enquête, il retourne ce jour le dossier

au Préfet d

A   , le   192   .

Le Préfet,

DÉPARTEMENT

d

RÉPUBLIQUE FRANÇAISE.

MODÈLE N° 6.

Art. 13 de l'instruction
du
1er décembre 1920.

COMPTE RENDU

AU MINISTRE DES PENSIONS, PRIMES ET ALLOCATIONS DE GUERRE.

Le Préfet d   a l'honneur de rendre compte

à M. le Ministre des pensions, primes et allocations de guerre (Service des

victimes civiles) que l'enquête administrative étant close, il transmet ce jour

le dossier de pension de M.   , demeurant à   ,

au Médecin-Chef du centre de réforme de   .

A   , le   192 .

Le Préfet,

DÉPARTEMENT

d

RÉPUBLIQUE FRANÇAISE.

Modèle nº 7.
—
Art. 11 de l'instruction
du
1er décembre 1920.

COMPTE RENDU

AU MINISTRE DES PENSIONS, PRIMES ET ALLOCATIONS DE GUERRE.

Le Préfet d   a l'honneur de rendre compte à M. le Ministre des pensions, primes et allocations de guerre (Service des victimes civiles) que l'enquête administrative concernant la demande de pension, reçue le   par M.   , demeurant à   , n'a pu être terminée dans le délai régulier de trente jours pour les motifs suivants :

A   , le   192   .

Le Préfet,

è

DÉPARTEMENT

d

CENTRE DE RÉFORME

d

MODÈLE N° 8.

RÉPUBLIQUE FRANÇAISE.   Art. 18 de l'instruction
du
1er décembre 1920.

COMPTE RENDU

AU MINISTRE DES PENSIONS, PRIMES ET ALLOCATIONS DE GUERRE.

Le Médecin-Chef du centre de réforme d   a l'honneur
de rendre compte à M. le Ministre des pensions, primes et allocations de
guerre (Service des victimes civiles) qu'il retourne ce jour à M. le Préfet
d

complété par (1) { les certificats d'expertises / ses conclusions médico-légales } le dossier de pension con-

cernant M

qui lui a été adressé le

, le

Le Médecin-Chef,

---

(1) Employer l'une ou l'autre formule selon qu'il s'agit du dossier concernant une victime directe ou un ayant droit (veuve, orphelin, ascendant).

DÉPARTEMENT

d

CENTRE DE RÉFORME

d

RÉPUBLIQUE FRANÇAISE.

MODÈLE N° 9.

Art. 18 de l'instruction
du
1er décembre 1920.

COMPTE RENDU

AU MINISTRE DES PENSIONS, PRIMES ET ALLOCATIONS DE GUERRE.

Le Médecin-Chef du centre de réforme d   a l'honneur

de rendre compte à M. le Ministre des pensions, primes et allocations

de guerre (Service des victimes civiles) que (1) { l'expertise médicale de M.

l'examen médico-légal du dossier de veuve M

demeurant à   , n'a pu être effectué dans le délai régu-

lier de quinze jours pour les motifs suivants :

Le dossier lui a été adressé le

par M. le Préfet d

A   , le   192 .

Le Médecin-Chef,

---

(1) Employer l'une ou l'autre formule selon qu'il s'agit du dossier concernant une victime
directe, une veuve, ou, à défaut, un ayant droit.

DÉPARTEMENT

d

RÉPUBLIQUE FRANÇAISE.

Modèle N° 10.

Art. 16 de l'instruc-
tion du 1er décem-
bre 1920.

BORDEREAU ÉNUMÉRATIF

*des pièces à l'appui de la proposition pour pension d'infirmité
(application de la loi du 24 juin 1919) établie en faveur de
M.   , demeurant à*

SAVOIR :

A) Demande d'admission à la pension....

B) Pièces d'état civil....... ....

C) Enquête administrative.............

D) Enquête médicale.................

E) Autres documents.... ....

TOTAL des pièces................

A   , l   192

Le Préfet,

DÉPARTEMENT

d

CENTRE DE RÉFORME

d

RÉPUBLIQUE FRANÇAISE.

MODÈLE N° 11.

Art. 25 de l'instruc-
tion du 1er décem-
bre 1920.

CONCLUSIONS MÉDICO-LÉGALES

de M.   *, médecin-chef du C. S. R. d*

sur les causes de la mort de M.

Il résulte des documents versés au présent dossier que **M.**
né le   , à   , demeurant à   ,
est décédé le   , à   , des suites de (1)

(2) { reçue
    { contractée (3)

Dans ces conditions, j'estime que le décès de M.   peut être
considéré comme (4) { ayant été causé
                    { n'ayant pas été causé } par un fait de guerre.

, le

Le Médecin-Chef,

(1) Diagnostic de la blessure ou maladie.
(2) Biffer la formule inutile.
(3) Préciser les circonstances de temps, de lieu, etc.,., dans lesquelles la blessure a été
reçue ou la maladie a été contractée, ainsi que les commémoratifs de ladite blessure ou maladie.
(4) Biffer, selon le cas, la formule inutile. Pour poser ses conclusions, le médecin s'inspirera
de l'article 2 de la loi du 24 juin 1919. En cas de décès en captivité, en pays ennemi, il n'oubliera
pas que la présomption est acquise.

ANNEXE Nº 2.

***

Nomenclature des pièces justificatives entrant dans la constitution des dossiers de pension.

***

Pièces justificatives à joindre à la demande de pension (1).

I. — Victime directe.

1º Acte de naissance de la victime, légalisé par le maire.

2° S'il y a lieu, extrait de l'acte de mariage.

3º S'il y a lieu, acte de naissance de chacun des enfants âgés de moins de 18 ans et certificat de vie collectif établi par le maire.

II. — Veuve.

1° Acte de naissance de la veuve, légalisé par le maire.

2° Acte de mariage de la veuve, légalisé par le maire.

3° Acte de décès du mari, légalisé par le maire.

4° Certificat délivré par l'autorité municipale sur la déclaration signée de l'intéressé et de deux témoins constatant : qu'il n'y a eu entre les deux époux, ni divorce, ni séparation de corps; que la veuve jouit de ses droits civils; qu'il n'existe pas d'enfants mineurs issus d'un précédent mariage (en cas de séparation de corps prononcée en faveur de la femme, produire un extrait du jugement).

5° En cas d'existence d'enfants de moins de 18 ans, acte de naissance de chacun d'eux et certificat de vie collectif.

III. — Orphelin.

1° Acte de naissance du ou des orphelins, légalisé par le maire.

2° Certificat de vie du ou des orphelins, légalisé par le maire.

3° Acte de mariage des parents, légalisé par le maire.

4° Acte de décès du père, légalisé par le maire.

5° Acte de décès de la mère, légalisé par le maire.

6º Certificat délivré par l'autorité municipale, sur l'attestation de deux témoins, constatant qu'il n'existe pas d'autres orphelins mineurs du défunt.

7° Extrait de la délibération du conseil de famille réuni pour la nomination du tuteur ou l'émancipation de l'orphelin.

---

(1) Toutes ces pièces peuvent être établies sur papier libre et sans frais.

En ce qui concerne les victimes civiles disparues, remplacer l'acte de décès par l'une des pièces prévues par l'article 22 du décret du 11 août 1920.

Lorsque les demandeurs en pension se trouveront dans l'impossibilité de se procurer les actes de l'état civil demandés, en raison de la destruction ou disparition des originaux par suite de fait de guerre, ils joindront à leur demande au lieu et place de ces actes, des actes de notoriété établis conformément à la loi du 20 juin 1920 (*Journal Officiel* du 22 juin 1920).

IV. — Ascendant conjoint.

1° Acte de naissance du demandeur, légalisé par le maire.

2° Acte de naissance de la victime civile, légalisé par le maire.

3° Acte de décès, légalisé, de la victime civile.

4° Certificat établi par le percepteur du canton où réside le demandeur, indiquant qu'il n'est pas inscrit au rôle de l'impôt général sur le revenu.

5° Certificat du maire établi sur la déclaration de quatre témoins et constatant que le ou les pétitionnaires sont de nationalité française et qu'ils jouissent de leurs droits civils.

V. — Mère veuve, divorcée ou non mariée.

1° Acte de naissance, légalisé, du demandeur.

2° Acte de naissance, légalisé, de la victime civile.

3° Acte de décès, légalisé, de la victime civile.

4° Un certificat établi par le percepteur du canton où réside le demandeur, indiquant qu'il n'est pas inscrit au rôle de l'impôt général sur le revenu.

5° Pour la veuve, l'acte de mariage et l'acte de décès de son mari.

Pour la veuve divorcée, l'extrait du jugement de divorce.

Pour la mère veuve, divorcée ou non mariée, âgée de moins de 55 ans, mais ayant à sa charge un ou plusieurs enfants infirmes ou âgés de moins de 15 ans, en plus des pièces ci-dessus :

a) Un certificat du maire, signé de deux témoins, établissant que la mère a à sa charge un ou plusieurs enfants infirmes ou âgés de moins de 16 ans;

b) Le (ou les) bulletins de naissance et certificats de vie des enfants.

6° Certificat du maire établi sur la déclaration de quatre témoins et constatant que le pétitionnaire est de nationalité française et qu'il jouit de ses droits civils.

VI. — Personnes ayant recueilli et élevé la victime civile dans son enfance.

En outre des pièces indiquées sous les n°° 1, 2, 3, 4 et 6 du paragraphe 5°, ces personnes devront produire copie, de la décision du tribunal civil de leur résidence, indiquant qu'elles ont, dans les conditions de la loi, recueilli, élevé et entretenu l'enfant orphelin ou abandonné.

ADDENDA

Loi modifiant la législation des pensions des armées de terre et de mer en ce qui concerne les décès survenus, les blessures reçues et les maladies contractées ou aggravées en service.

Paris, le 31 mars 1919.

Le Sénat et la Chambre des députés ont adopté,

Le Président de la République promulgue la loi dont la teneur suit :

Art. 1er. La République, reconnaissante envers ceux qui ont assuré le salut de la patrie, proclame et détermine, conformément aux dispositions de la présente loi, le droit à la réparation due : 1° aux militaires des armées de terre et de mer affectés d'infirmités résultant de la guerre; 2° aux veuves, aux orphelins et aux ascendants de ceux qui sont morts pour la France.

Art. 2. Les lois et décrets en vigueur sur les pensions militaires de la guerre et de la marine et sur les gratifications de réforme sont modifiés conformément aux articles suivants en ce qui touche les droits qui se sont ouverts, à partir du 2 août 1914, ou qui s'ouvriront à l'avenir, par suite d'infirmités ou de décès résultant d'événements de guerre, d'accidents de service ou de maladies.

Les pensions définitives ou temporaires et les allocations de toute nature concédées en vertu de la présente loi donneront droit au rappel des arrérages à dater de leur point de départ légal, même si le droit à pension, gratification ou allocation a été dénié en vertu de lois antérieures.

Au cas de pension, gratification ou allocation déjà concédée en vertu des lois et règlements antérieurs, mais bonifiée par la présente loi, rappel sera fait aux intéressés de la différence entre les arrérages correspondant à la liquidation nouvelle et ceux correspondant à la liquidation primitive.

TITRE Ier.

Du droit à pension d'infirmité des militaires et marins.

Art. 3. Ouvrent droit à pension :

1° Les blessures constatées avant le renvoi du militaire dans ses foyers, à moins qu'il ne soit établi qu'elles ne proviennent pas d'événements de guerre ou d'accidents éprouvés par le fait ou à l'occasion du service;

2° Les infirmités causées ou aggravées par les fatigues, dangers ou accidents éprouvés par le fait ou à l'occasion du service.

Il y a droit à pension définitive quand l'infirmité causée par la blessure ou la maladie est reconnue incurable.

Il y a droit à pension temporaire tant que l'infirmité n'est pas reconnue incurable.

Le point de départ de la pension est fixé au jour de la décision prise par la commission de réforme.

Art. 4. Les pensions définitives ou temporaires sont établies suivant le degré d'invalidité.

L'invalidité constatée doit être au minimum de 10 p. 100.

En cas de pluralité de lésions, dont l'une n'est pas incurable, le militaire ou marin est admis à pension temporaire pour l'ensemble de ses infirmités.

Art 5. Toutes les maladies constatées chez un militaire ou marin, pendant la période où il a été incorporé ou pendant les six mois qui ont suivi son renvoi dans ses foyers sont présumées, sauf preuve contraire, avoir été contractées ou s'être aggravées par suite des fatigues, dangers ou accidents du service.

Le délai de six mois prévu au précédent paragraphe ne courra, pour les militaires actuellement renvoyés dans leurs foyers, qu'à partir de la promulgation de la présente loi.

Ils profiteront de la présomption établie par le présent article, dès lors qu'avant l'expiration du délai de six mois prévu au paragraphe 1er ils auront adressé au directeur du service de santé de leur région, par lettre recommandée, une demande invitant ce service à constater leur maladie ou leur infirmité.

Art. 6. Toute décision comportant rejet de pension définitive ou temporaire devra, à peine de nullité, être motivée et préciser les faits et documents dont résulte la preuve contraire détruisant la présomption établie aux articles 3 et 5 de la présente loi.

Art. 7. La pension temporaire est concédée pour deux années, sauf en ce qui concerne les réformés temporaires qui n'y ont droit que pendant le temps où ils sont en position de réforme. Elle est renouvelable par périodes biennales, après examens médicaux.

À l'expiration de chaque période, elle peut être, soit renouvelée à un taux inférieur, égal ou supérieur au taux primitif, si l'infirmité n'est pas devenue incurable, soit convertie en pension définitive si l'infirmité est reconnue incurable, soit supprimée si l'invalidité a disparu ou est devenue inférieure à 10 p. 100.

Tout bénéficiaire d'une pension temporaire chez qui se sera produite une complication nouvelle ou une aggravation de son infirmité pourra, sans attendre l'expiration de la période de deux ans, adresser une demande de revision sur laquelle il devra être statué dans les deux mois qui suivront la demande.

Dans un délai maximum de quatre ans à dater du point de départ légal fixé dans les conditions indiquées dans l'article 2, la situation du pensionné temporaire doit être définitivement fixée, soit par la conversion de la pension temporaire en pension définitive, soit par la suppression de toute pension sous réserve, toutefois, de l'application de l'article 68 de la présente loi.

Art. 8. Les pensions temporaires instituées par la présente loi sont liquidées, concédées et servies comme les pensions définitives; elles sont soumises aux mêmes restrictions en cas de cumul et aux mêmes causes de déchéance. Elles sont incessibles et insaisissables dans les mêmes termes et au même titre, sauf application des dispositions prévues par l'article 3 de la loi du 9 avril 1918; les décisions qui les concernent sont passibles des mêmes recours. Elles sont renouvelables par arrêté du Ministre de la guerre, du Ministre de la marine ou du Ministre des colonies.

Art. 9. Le taux des pensions d'invalidité est réglé suivant les tableaux annexés à la présente loi.

Le taux de la pension définitive ou temporaire est fixé, dans chaque grade, par référence au degré d'invalidité apprécié de 5 en 5 jusqu'à 100 p. 100.

Quand l'invalidité est intermédiaire entre deux échelons, l'intéressé bénéficie du taux afférent à l'échelon supérieur.

Pour l'application du présent article, un décret contresigné par les Ministres de la guerre et de la marine ou des colonies déterminera les règles et barèmes pour la classification des infirmités d'après leur gravité.

Le blessé, le malade ou l'infirme auront le droit, lors des examens médicaux qu'ils subiront en vue de l'obtention de la pension définitive ou temporaire, de se faire assister d'un médecin civil dans les conditions qui seront déterminées par les règlements d'administration publique prévus pour l'application de la présente loi. L'avis de ce médecin sera consigné au procès-verbal.

Ils pourront produire de même des certificats médicaux qui seront annexés et sommairement discutés audit procès-verbal.

Art. 10. Les mutilés que leurs infirmités rendent incapables de se mouvoir, de se conduire ou d'accomplir les actes essentiels à la vie ont droit à l'hospitalisation, s'ils la réclament. En ce cas, les frais de cette hospitalisation sont prélevés sur la pension qui leur a été concédée.

S'ils ne reçoivent pas ou s'ils cessent de recevoir cette hospitalisation et si, vivant chez eux, ils sont obligés de recourir d'une manière constante aux soins d'une tierce personne, ils ont droit, à titre d'allocation spéciale, à une majoration égale au quart de leur pension.

Le droit à cette hospitalisation ou à cette majoration de pension est constaté par la commission de réforme, au moment où elle statue sur le degré d'invalidité dont le mutilé est atteint.

Art. 11. Dans le cas d'infirmités multiples dont aucune n'entraîne l'invalidité absolue, le taux d'invalidité est considéré intégralement pour l'infirmité la plus grave et pour chacune des infirmités supplémentaires, proportionnellement à la validité restante.

A cet effet, les infirmités sont classées par ordre décroissant de taux d'invalidité.

Toutefois, quand l'infirmité principale est considérée comme entraînant une invalidité d'au moins 20 p. 100, les degrés d'invalidité de chacune des infirmités supplémentaires sont élevés d'une, de deux ou de trois catégories, soit de 5, 10, 15 p. 100, et ainsi de suite, suivant qu'elles occupent les deuxième, troisième, quatrième rangs dans la série décroissante de leur gravité.

Art. 12. Dans le cas d'infirmités multiples dont l'une entraîne l'invalidité absolue, il est accordé, en sus de la pension maxima, un complément de pension variant de cent francs (100 francs) à mille francs (1.000 francs), par multiple de 100 francs, pour tenir compte de l'infirmité ou des infirmités supplémentaires évaluées suivant une échelle de 1 à 10.

Si, à l'infirmité la plus grave, s'ajoutent deux ou plus de deux infirmités supplémentaires, la somme des degrés d'invalidité est calculée en accordant à chacune des blessures supplémentaires la majoration indiquée à l'article précédent.

Art. 13. Dans tous les cas, y compris ceux où il y a lieu à complément de pension, des majorations annuelles sont accordées en sus de la pension définitive ou temporaire, par enfant légitime né ou à naître suivant le tarif ci-après :

300 francs pour une invalidité de 100 p. 100;

285	—	95	—
270	—	90	—
255	—	85	—
240	—	80	—
225	—	75	—
210	—	70	—
195	—	65	—
180	—	60	—
165	—	55	—
150	—	50	—
135	—	45	—
120	—	40	—
105	—	35	—
90	—	30	—
75	—	25	—
60	—	20	—
45	—	15	—
30	—	10	—

Les mêmes majorations sont allouées pour chaque enfant naturel reconnu, sous les conditions fixées pour la reconnaissance à l'article 26.

Ces majorations sont payables pour chaque enfant jusqu'à l'âge de 18 ans, même après la mort du père, sous réserve de l'application des articles 19 et 20.

TITRE II.

Du droit des veuves et des enfants.

CHAPITRE Iᵉʳ.

DES DROITS A LA PENSION.

Art 14. Ont droit à la pension :

1° Les veuves des militaires et marins dont la mort a été causée par des blessures ou suites de blessures reçues au cours d'événements de guerre ou par des accidents ou suites d'accidents éprouvés par le fait ou à l'occasion du service;

2° Les veuves des militaires et marins dont la mort a été causée par des maladies contractées ou aggravées par suite de fatigues, dangers ou accidents survenus par le fait ou à l'occasion du service;

3° Les veuves des militaires et marins morts en jouissance d'une pension définitive ou temporaire correspondant à une invalidité égale ou supérieure à 60 p. 100, ou en possession de droits à cette pension.

Dans les trois cas, il n'y a droit à pension que si le mariage est antérieur, soit à la blessure, soit à l'origine ou à l'aggravation de la maladie.

Exception, toutefois, est faite à cette règle en faveur des femmes qui ont épousé un mutilé de la présente guerre atteint d'une invalidité égale ou supérieure à 80 p. 100. Elles auront droit à une pension de réversion si leur mariage a été contracté dans les deux ans de la réforme de leur époux, ou de la cessation des hostil., et si ce mariage a duré une année ou a été rompu par la mort accidentelle de l'époux.

Le défaut d'autorisation militaire en ce qui concerne le mariage contracté par les militaires ou marins en activité de service n'entraîne pas, pour leurs ayants cause, perte du droit à pension.

Art. 15. En vue de réserver tous droits éventuels, les militaires et marins qui ne se considéreront pas comme guéris des blessures ou maladies dues aux fatigues, dangers ou accidents du service feront constater, chaque année, leur état, dans des conditions qui seront déterminées par un règlement d'adminis-tration publique.

Toutes les blessures constatées et toutes les maladies con-tractées ou aggravées pendant la période où le militaire ou marin a été mobilisé sont réputées, sauf preuve contraire, pro-venir des fatigues, dangers ou accidents du service, si le mili-taire est mort dans le délai d'un an à partir du renvoi définitif dans ses foyers.

La même présomption s'applique aux militaires et marins dé-cédés plus d'un an après leur renvoi dans leurs foyers, si leur décès se produit avant la promulgation de la présente loi ou dans les trois mois qui suivront cette promulgation.

Art. 16. En cas de décès de la mère ou lorsqu'elle est inhabile à recueillir la pension, les droits qui lui appartiennent ou qui lui auraient appartenu passent aux enfants mineurs du défunt, selon les règles établies par les lois en vigueur en matière de pensions.

Art. 17. Si la veuve vient à décéder, laissant des enfants d'un précédent mariage, dont le militaire défunt avait été le soutien, ces enfants jouiront des mêmes avantages que les orphelins.

Art. 18. Si la veuve contracte un second mariage, elle peut, à l'expiration de l'année qui le suit et dans les conditions fixées par un règlement d'administration publique, renoncer à sa pen-sion. Dans ce cas, elle a droit au versement immédiat d'un capital représentant trois annuités de cette pension et la pension est, en outre, si le défunt a laissé des enfants mineurs, trans-férée sur leur tête jusqu'à la majorité du dernier d'entre eux.

En outre, si la veuve qui se remarie et qui conserve sa pen-sion a des enfants mineurs nés de son mariage avec le décédé, la jouissance de la moitié de la pension est déléguée à ces en-fants jusqu'à la majorité du dernier d'entre eux. La jouissance des majorations leur appartient.

CHAPITRE II.

FIXATION DE LA PENSION.

Art. 19. Le taux de la pension de veuve est réglé suivant les tableaux annexés à la présente loi.

Le taux exceptionnel sera alloué aux veuves classées sous le paragraphe 1er de l'article 14.

Le taux normal sera alloué aux veuves classées sous le paragraphe 2 dudit article.

Le taux de réversion sera alloué aux veuves classées sous le paragraphe 3.

La pension est majorée de trois cents francs (300 francs) pour chaque enfant âgé de moins de 18 ans; les majorations ainsi accordées remplacent, s'il y a lieu, celles de l'article 13.

Au cas de décès de la mère ou lorsqu'elle est inhabile à exercer ses droits, la pension des orphelins est majorée dans les mêmes conditions, mais seulement à partir du deuxième enfant au-dessous de 18 ans.

Art. 20. Lorsque le défunt laisse des enfants mineurs issus d'un mariage antérieur, le principal de la pension à laquelle aurait droit la veuve se partage également entre les deux lits.

Une des parts est attribuée aux enfants du premier lit, jusqu'à ce que le plus jeune ait atteint l'âge de 21 ans; l'autre est attribuée à la veuve et, à son défaut, aux enfants issus de son mariage avec le défunt. Du vivant de la veuve, et si elle est habile à exercer ses droits, cette seconde part est majorée, s'il est nécessaire, de manière qu'elle ne soit pas inférieure aux chiffres respectivement fixés, suivant les circonstances du décès, pour la pension de la veuve du soldat par les articles précédents.

Lorsque le droit à la pension vient à faire défaut dans l'une des deux branches, la part de celle-ci accroît à l'autre, si cette dernière est encore en possession de droits à pension.

Il est alloué, en outre, pour chaque enfant de moins de 18 ans, une majoration annuelle fixée à 300 francs.

Au cas de pluralité de mariages antérieurs, le partage de la pension se fait d'après les mêmes règles.

Les orphelins atteints d'une infirmité incurable les mettant dans l'impossibilité de gagner leur vie conservent, même après leur majorité, le bénéfice de leur pension.

CHAPITRE III.

DÉCHÉANCE SPÉCIALE DU DROIT A PENSION.

Art. 21. La déchéance du droit à la pension de veuve d'un mobilisé de la guerre ou de la marine, même au cas où cette pension serait déjà concédée ou inscrite, peut être prononcée :

1° Lorsque le mari avait présenté ou fait présenter au président du tribunal une requête en séparation de corps ou en divorce;

2° Lorsque, n'ayant pas encore présenté une requête, il avait cependant exprimé, par écrit, l'intention formelle de la présenter et qu'il n'a pu mettre son projet à exécution, par suite de circonstances résultant de sa situation de mobilisé.

Dans ces deux cas, toutefois, la déchéance du droit à pension ne sera pas encourue si le mobilisé a manifesté, par un écrit ultérieur, et d'une manière expresse, la volonté de renoncer à sa demande;

3° Lorsque la veuve est déchue de la puissance paternelle. sauf, dans ce dernier cas, à être réintégrée dans ses droits si elle vient à être restituée dans la puissance paternelle.

Les droits de la veuve sont transférés, le cas échéant, sur la tête des enfants mineurs du défunt, selon les règles édictées par les lois en vigueur.

Art. 22. L'action en déchéance appartient au procureur de la République qui l'exerce, soit d'office, lorsqu'une demande en divorce formée par le mari était pendante devant le tribunal au moment de son décès, soit à la demande d'un parent du mari ou du subrogé tuteur des enfants légitimes ou naturels reconnus laissés par ce dernier.

Elle appartient aussi aux parents du mari et au tuteur ou subrogé tuteur de ses enfants, s'ils préfèrent l'exercer directement.

Elle doit être intentée dans l'année de la promulgation de la loi ou dans l'année du décès, si le décès est postérieur à la promulgation.

Art. 23. Le tribunal compétent, s'il s'agit d'une demande basée sur l'introduction ou sur la volonté d'introduire la demande en séparation de corps ou en divorce, est celui qui connaissait ou qui aurait connu de cette demande; s'il s'agit d'une demande basée sur la déchéance de la puissance paternelle, c'est le tribunal qui a prononcé cette déchéance.

La demande est introduite par assignation à huit jours francs. en vertu d'une ordonnance rendue sur requête par le président qui nomme un juge rapporteur, ordonne la communication au ministère public et fixe le jour de la comparution.

La cause est débattue en chambre du conseil.

Le tribunal statue à l'aide des documents et des pièces versés aux débats déjà suivis sur la demande en séparation de corps ou en divorce; il peut, en cas de renseignements insuffisants, ordonner une enquête qui a lieu devant un juge commis; il prononce la déchéance s'il résulte des pièces produites et des témoignages entendus la preuve que la femme a eu envers son mari des torts qui auraient été suffisants pour faire prononcer à sa charge la séparation de corps ou le divorce.

Le jugement est lu en audience publique; s'il est rendu par défaut, la femme peut se pourvoir par la voie de l'opposition.

L'opposition n'est recevable que pendant la huitaine à compter de la signification du jugement à partie.

Elle se forme par voie de requête suivie d'une ordonnance du président fixant le jour de la comparution des parties.

La requête et l'ordonnance sont notifiées au demandeur en déchéance, avec assignation à huitaine franche, pour voir statuer sur l'opposition.

Art. 24. Les pièces de procédure et le jugement sont exempts des droits de timbre et d'enregistrement.

Les frais de l'instance, si la demande est rejetée. sont à la charge du Trésor, lorsqu'elle a été suivie à la requête du procureur de la République; la veuve peut toujours, pour défendre à l'instance, demander le bénéfice de l'assistance judiciaire.

Le procureur de la République transmet une expédition du jugement au Ministre des finances et une expédition au Ministre de la guerre ou au Ministre de la marine, suivant le cas.

Le jugement n'est pas transcrit sur les registres de l'état civil.

CHAPITRE IV.

DES ENFANTS NATURELS RECONNUS.

Art. 25. Les enfants naturels reconnus ont droit à pension.

S'il n'y a ni veuves ni enfants légitimes, leur pension est fixée conformément aux articles 16 et 20.

S'il y a une veuve ou des enfants légitimes, la pension des enfants naturels se calcule, dans l'ensemble, comme celle qui serait allouée par application de l'article 20 aux orphelins du premier lit.

Art. 26. Pour que les enfants naturels aient droit au bénéfice des dispositions qui précèdent, il faut qu'ils aient été conçus avant le fait qui donne ouverture à pension et qu'ils aient été reconnus dans les deux mois de leur naissance, à moins que le père n'en ait été empêché par des circonstances de fait dûment

justifiéés et qu'il ait fait cette reconnaissance dans le délai de
six mois qui suivra la promulgation de la loi.

Toutefois, en ce qui concerne les enfants nés avant le 4 septembre 1915, il faut que la reconnaissance ait eu lieu antérieurement au 4 novembre 1915, sauf l'exception prévue au paragraphe ci-dessus.

En cas de reconnaissance judiciaire, il faut que la conception
soit antérieure au fait qui donne ouverture à pension.

CHAPITRE V.

DROITS DES AYANTS CAUSE DES MILITAIRES OU MARINS DISPARUS.

Art. 27. Lorsqu'un militaire ou marin est porté sur les listes
de disparus dressées par l'administration de la guerre ou de la
marine, que l'on ait pu ou non fixer le lieu, la date et les circonstances de sa disparition, il est accordé à sa femme et à ses
enfants mineurs, dans les conditions où ils auraient eu, au cas
de décès, droit à pension, des pensions provisoires liquidées sur
le taux normal établi aux articles 19 et suivants ci dessus, avec
application des majorations prévues par la présente loi.

Ces pensions provisoires ne peuvent être demandées que s'il
s'est écoulé au moins six mois depuis le jour de la disparition.

Elles sont payées trimestriellement et à terme échu, le point
de départ des droits étant fixé au lendemain du jour de la disparition. Elles prennent fin par la concession d'une pension définitive ou à l'expiration du trimestre pendant lequel l'existence
du disparu est devenue certaine.

La pension provisoire est convertie en pension définitive lorsque le décès du militaire est établi officiellement ou que l'absence a été déclarée par jugement passé en force de chose jugée.
Dans le cas d'absence déclarée, et si la disparition s'est produite au cours d'événements de guerre, la pension définitive est
toujours du taux exceptionnel. Rappel est fait, s'il y a lieu, de
la différence entre le taux normal et le taux exceptionnel, sans
qu'aucune prescription soit opposable.

TITRE III.

Droits des ascendants.

Art. 28. Si le décès ou la disparition du militaire ou marin
est survenu dans des conditions de nature à ouvrir le droit à

pension de veuve, ses ascendants auront droit à une allocation s'ils justifient :

1° Qu'ils sont de nationalité française, à moins qu'il ne s'agisse d'une mère résidant en France, ayant perdu, antérieurement à la mort de son fils, sa qualité de Française, par suite de son mariage avec un sujet d'une nation neutre ou alliée, père de son fils décédé;

2° Qu'ils sont ou infirmes, ou atteints d'une maladie incurable, ou âgés de plus de 60 ans s'il s'agit d'ascendants du sexe masculin et de plus de 55 ans s'il s'agit d'ascendants du sexe féminin.

La mère veuve, divorcée ou non mariée, sera considérée comme remplissant la condition d'âge, même si elle a moins de 55 ans, si elle a à sa charge un ou plusieurs enfants infirmes ou âgés de moins de 16 ans;

3° Qu'ils ne sont pas inscrits au rôle de l'impôt général sur le revenu, tel qu'il est fixé par la loi actuellement en vigueur;

4° Qu'il n'y a pas, à l'époque de la demande, d'ascendants d'un degré plus rapproché du défunt.

Art. 29. Le recours prévu par l'article 5 de la loi du 14 juillet 1905 pourra être exercé par l'Etat contre toutes personnes tenues, à l'égard de l'ascendant, de la dette alimentaire, à la condition qu'elles soient elles-mêmes inscrites au rôle de l'impôt sur le revenu.

Art. 30. La jouissance de l'allocation aura pour point de départ le jour de la promulgation de la loi, pour les ascendants qui rempliront à ce moment les conditions prescrites par l'article 28, et le jour de la demande pour ceux qui ne rempliront ces conditions que postérieurement.

L'allocation est fixée pour le père à 400 francs; pour la mère, veuve, divorcée ou non mariée, à 800 francs; pour la mère veuve, remariée ou qui a contracté mariage depuis le décès du militaire ou marin, à 400 francs; pour le père et la mère conjointement, à 800 francs.

Art. 31. Si le père ou la mère ont perdu plusieurs enfants des suites de blessures reçues ou de maladies contractées ou aggravées sous les drapeaux, l'allocation sera augmentée de 100 francs pour chaque enfant décédé, à partir du second inclusivement.

Art. 32. A défaut du père et de la mère, l'allocation sera accordée aux grands-parents, dans les conditions prévues à l'ar ticle 28. Elle sera, dans chaque ligne, de 300 francs pour le grand-père ou la grand'mère remariée, de 600 francs pour le grand-père et la grand'mère conjointement et de 600 francs pour la grand'mère veuve.

Chaque grand-parent ou chaque couple de grands-parents ne pourra recevoir qu'une seule allocation.

L'allocation sera augmentée de 100 francs pour chaque petit-enfant décédé, jusqu'à concurrence de trois, à partir du second inclusivement.

Art. 33. Les droits des ascendants du premier degré sont ouverts à toute personne qui justifie avoir recueilli, élevé et entretenu l'enfant orphelin ou abandonné et avoir remplacé ses parents auprès de lui jusqu'à sa majorité ou son appel sous les drapeaux.

Art. 34. L'allocation est accordée pour deux ans. Elle est renouvelée d'office, à moins que le militaire ou marin n'ait reparu ou que le tribunal compétent, saisi par le Ministre de la guerre, de la marine ou des colonies, ne décide que l'ascendant ne remplit plus les conditions fixées par l'article 28.

Les allocations d'ascendants sont incessibles et insaisissables dans les mêmes termes que les pensions.

TITRE IV.

Voies de recours.

Art. 35. Toutes les contestations auxquelles donnera lieu l'application de la présente loi seront jugées en premier ressort par le tribunal départemental des pensions du domicile de l'intéressé et en appel par la cour régionale des pensions.

Le Conseil d'Etat ne pourra être saisi que des recours pour excès ou détournement de pouvoir, vice de forme ou violation de la loi.

Toutefois, les contestations auxquelles donnera lieu l'application de l'article 58 de la présente loi seront directement portées devant le Conseil d'Etat.

Art. 36. Le tribunal départemental des pensions est composé :

Du président ou d'un vice-président du tribunal civil du chef-lieu du département, remplissant les fonctions de président;

D'un juge au tribunal civil du chef-lieu du département;

Du vice-président du conseil de préfecture ou, à son défaut, du conseiller de préfecture le plus ancien;

D'un médecin choisi sur la liste des médecins-experts près les tribunaux ou sur une liste de dix membres présentés par les syndicats ou associations de médecins du département;

D'un pensionné tiré au sort en même temps qu'un pensionné suppléant sur une liste de vingt membres présentée par les associations de mutilés et réformés du département et agréée par le tribunal des pensions.

Le médecin et un médecin suppléant seront désignés par le Ministre de la justice.

Le vice-président du tribunal civil, dans les tribunaux où il y a plusieurs vice-présidents, et le juge prévu au paragraphe 3 seront désignés annuellement par le tribunal.

Les fonctions de commissaire du gouvernement seront remplies par un fonctionnaire de l'intendance militaire désigné par le Ministre de la guerre ou par un officier de l'intendance maritime, désigné par le Ministre de la marine ou par le Ministre des colonies.

Le greffier du tribunal départemental des pensions et les commis greffiers, s'il y a lieu, seront ceux du tribunal civil du chef lieu du département.

Art. 37. Il est institué, au chef-lieu du ressort de chaque cour d'appel, une cour régionale des pensions, qui est ainsi composée :

1° Un président de chambre à la cour d'appel, désigné annuellement par le Ministre de la justice, et remplissant les fonctions de président;

2° Deux conseillers à la cour d'appel, également désignés chaque année par le Ministre de la justice.

La cour d'appel, de son côté, désigne trois magistrats suppléants.

Les fonctions de commissaire du gouvernement seront remplies par un fonctionnaire de l'intendance militaire, désigné par le Ministre de la guerre, ou par un officier de l'intendance maritime, désigné par le Ministre de la marine ou par le Ministre des colonies.

Le greffier de la cour régionale et les commis greffiers, s'il y a lieu, seront ceux de la cour d'appel.

Art. 38. L'intéressé doit, à peine de déchéance, saisir le tribunal départemental des pensions dans le délai de six mois à dater de la notification de la décision qui a prononcé le refus de pension ou qui a arrêté le chiffre de la pension.

Le tribunal sera saisi par l'envoi d'une lettre recommandée adressée au greffier.

Dans les huit jours qui suivront, communication sera faite de la demande du contestant, au général commandant la région, ou au Ministre de la marine, suivant les cas, afin que l'administration de la guerre ou de la marine produise, au plus tard dans le mois, le dossier devant le tribunal avec ses observations.

Le président du tribunal convoque ensuite dans son cabinet le demandeur et le représentant du Ministre compétent pour une tentative de conciliation. Le demandeur peut être assisté, dans cette comparution, de son médecin et de l'avocat ou de l'avoué qui lui aura été commis. En cas d'accord, le chiffre de la pension est fixé par l'ordonnance du président qui en donne acte en indiquant, à peine de nullité, la nature de l'infirmité et le degré d'invalidité qui ont servi de base à la fixation de la rente allouée.

En cas de non-comparution du demandeur ou en cas de non-conciliation dont il est également dressé procès-verbal, le demandeur est cité devant le tribunal des pensions, par lettre recommandée avec accusé de réception, et ce, à la date fixée par le président, en observant au moins un délai de huit jours.

Art. 39. L'audience sera publique. Toutefois le tribunal, sur la demande de l'intéressé, pourra ordonner que les débats auront lieu en chambre du conseil.

Le demandeur pourra comparaître en personne. Il pourra présenter des observations orales ou en faire présenter par un membre de sa famille, parent ou allié au degré successible, par un avocat régulièrement inscrit ou par un avoué exerçant dans le département.

Si le représentant est un membre de la famille, il devra être porteur d'un pouvoir sur papier non timbré, dispensé de la formalité de l'enregistrement, avec signature légalisée.

L'assistance judiciaire sera accordée à tout intéressé qui en fera la demande au président du tribunal départemental.

Sur la demande de l'intéressé, et si des motifs graves s'opposent à sa comparution devant le tribunal, le président pourra déléguer un des membres du tribunal pour entendre le demandeur, dans une autre localité ou à son domicile, en ses observations.

Art. 40. Le tribunal pourra ordonner une vérification médicale complémentaire et prescrire, s'il y a lieu, la mise en observation.

Il sera alloué au militaire, pendant la durée de la mise en observation, une indemnité quotidienne déterminée par un règlement d'administration publique.

La vérification médicale sera faite par un ou trois experts, choisis par le tribunal, sur une liste établie par lui au commencement de chaque année judiciaire; elle aura lieu là où le tribunal le jugera convenable et, au besoin, au domicile du demandeur.

Ce dernier aura le droit de se faire assister de son conseil et d'un médecin civil. Il pourra produire des certificats médicaux. Ceux-ci seront annexés et sommairement discutés au procès-verbal, ainsi que l'avis du médecin civil.

S'il y a contradiction formelle entre l'avis des médecins experts et celui du médecin de l'intéressé, le tribunal pourra ordonner une nouvelle expertise qui sera confiée à trois médecins désignés, l'un par le Ministre compétent, l'autre par le demandeur, le troisième par le tribunal.

Ces règles seront notamment applicables en cas d'aggravations de blessures ou de maladies survenues après la liquidation de la pension.

Le tribunal ordonnera, du reste, toutes mesures d'instruction et d'enquête qu'il jugera utiles.

Dans tous les cas de mise en observation ou d'hospitalisation, lorsque l'invalidité n'aura pas excédé un mois, les employeurs ne pourront s'en prévaloir pour rompre le contrat de travail.

Art. 41. La décision du tribunal sera motivée.

Si le demandeur ne se présente pas ou ne se fait pas représenter au jour indiqué pour l'audience, la décision sera rendue par défaut.

Elle sera notifiée à la partie défaillante par exploit d'huissier signifié à personne à la requête du commissaire du gouvernement.

L'opposition ne sera recevable que dans la quinzaine de la notification par huissier. Elle aura lieu par une déclaration au greffe faite verbalement ou par lettre recommandée. Il en sera délivré récépissé. La signification contiendra mention des prescriptions comprises au présent paragraphe.

En cas d'opposition, les parties intéressées seront citées par exploit d'huissier, pour la prochaine audience utile, en observant les délais de l'article précédent.

La décision qui interviendra sera alors réputée contradictoire.

Toute décision contradictoire sera notifiée par exploit d'huissier.

Le commissaire du gouvernement fera élection au greffe du tribunal pour les significations qui devront lui être faites.

Les délais prévus par la présente loi seront comptés et augmentés conformément aux dispositions de l'article 1033 du code de procédure civile.

Art. 42. Les décisions du tribunal départemental des pensions sont susceptibles d'appel devant la cour régionale des pensions, soit par l'intéressé, soit par le ministère public.

L'appel sera introduit par lettre recommandée adressée au greffier de la cour dans les deux mois de la signification de la décision. Si l'appelant est le ministère public, il devra notifier, sous la même forme, son appel à l'intimé.

Les règles posées par les articles précédents pour la procédure à suivre devant le tribunal départemental seront également applicables devant la cour.

Si la décision que le tribunal départemental des pensions ou la cour régionale sont appelés à prendre implique la solution préjudicielle d'une question d'état, ils surseoiront à statuer jusqu'à ce qu'elle ait été résolue par la juridiction compétente.

L'assistance judiciaire sera accordée, à tous les intéressés qui le demanderont, devant la cour régionale.

Art. 43. Le pourvoi devant le Conseil d'Etat pour excès ou détournement de pouvoir, vice de forme ou violation de la loi, sera formé au plus tard dans les deux mois de la signification de la décision faite dans les conditions prévues par l'article 41. Il sera formé, soit par l'intéressé, soit par le Ministre de la guerre, soit par le Ministre de la marine ou celui des colonies, suivant les cas. Il donnera lieu à une déclaration au greffe du tribunal ou de la cour qui aura rendu la décision objet du recours et il sera notifié dans la huitaine à l'intéressé à la requête du commissaire du gouvernement.

Dans la quinzaine de cette dernière notification, les pièces seront adressées au Conseil d'Etat. Les recours prévus ci-dessus ont lieu sans frais.

Les pourvois formés en vertu de l'article 58 de la présente

loi pourront l'être en dehors des délais prescrits par le paragraphe 1er du présent article.

Lorsque le Conseil d'Etat aura annulé la décision d'un tribunal départemental ou d'une cour régionale, l'affaire sera renvoyée par lui devant la cour régionale d'un autre ressort.

Art. 44. Les décisions, ainsi que les extraits, copies, grosses ou expéditions qui en seront délivrés, et généralement tous les actes de procédure auxquels donnera lieu l'application de la présente loi, seront dispensés des formalités de timbre et d'enregistrement. Ils porteront la mention expresse qu'ils sont faits en exécution de la présente loi.

Art. 45. Par dérogation aux dispositions du présent titre prescrivant des délais, les décrets de concession et les décisions portant refus de pension, de gratification ou de majoration, qui seront intervenus au cours de la guerre actuelle ou dans les dix mois qui suivront le décret fixant la cessation des hostilités, pourront être attaqués devant les juridictions prévues au présent titre, pendant un an à dater dudit décret.

Art. 46. La présente loi est applicable aux instances engagées devant le Conseil d'Etat et qui n'auront point été jugées au jour de sa promulgation.

Art. 47. Le règlement d'administration publique prévu à la présente loi pourra décider la création de plusieurs sections du tribunal départemental des pensions dans le département de la Seine et dans les autres départements où cette création sera reconnue nécessaire.

Ces sections pourront siéger dans les chefs-lieux d'arrondissement.

Pour la composition de ces sections, les présidents et juges du tribunal civil du chef-lieu et le membre du conseil de préfecture pourront être remplacés par les président et juges du tribunal civil du chef-lieu d'arrondissement.

Le règlement d'administration publique déterminera également, pour l'application de la présente loi, la composition, les attributions et le ressort des juridictions destinées à remplacer, dans les colonies et pays de protectorat relevant du ministère des colonies, les tribunaux départementaux et cours régionales prévus au titre IV.

Il statuera, en outre, sur la manière dont il sera procédé à la vérification médicale prévue par l'article 40 de la présente loi.

TITRE V.

Dispositions diverses relatives à l'application de la présente loi.

Art. 48. Les sapeurs-pompiers des places fortes mis à la disposition de l'autorité militaire dans les conditions prévues par la loi du 21 mars 1905 et par l'article 147 du décret du 7 octobre 1907 sur le service de place, ainsi que leurs veuves, orphelins et ascendants, bénéficient des dispositions de la présente loi.

Ils sont assimilés, à égalité de grade, aux officiers, sous-officiers, caporaux et soldats de l'armée de terre.

Art. 49. Les articles 1er, 2, 3 et 4 de la présente loi, à l'exclusion de la présomption visée par les articles 3 et 5, sont applicables aux fonctionnaires, agents et ouvriers civils des ministères de la guerre et de la marine assimilés aux militaires pour les droits à la pension de retraite. Ils s'appliquent également aux surveillants militaires des établissements pénitentiaires coloniaux.

Les articles 7, 8, 9, 10, 11, 12, 14, 16, 17 et 18 de la présente loi sont également applicables à ces diverses catégories de personnels, ainsi que les chapitres II et IV du titre II et les titres III et IV de la présente loi.

Lesdits fonctionnaires, agents et ouvriers et leurs ayants cause ne pourront prétendre au bénéfice des dispositions des articles 3 et 14, relatives à l'aggravation des maladies ou infirmités, qu'après dix ans de services à l'Etat.

Art. 50. Les mobilisés affectés aux établissements, usines, mines et exploitations travaillant pour la défense nationale, dans les conditions de l'article 6 de la loi du 17 août 1915, et les ayants cause de ces mobilisés, bénéficieront des dispositions de la présente loi pour les maladies contractées ou aggravées par suite des fatigues, dangers ou accidents du service et non protégées par la loi du 9 avril 1898.

Les pensions définitives ou temporaires, allocations et majorations auxquelles ils pourront prétendre, seront calculées d'après le taux prévu par la présente loi pour le soldat ou ses ayants droit.

Dans les cas de mort ou d'incapacité permanente couverts par la loi du 9 avril 1898, si la rente qui est attribuée aux accidentés ou à leurs ayants droit est inférieure à la pension militaire à laquelle ils peuvent prétendre en vertu du précédent paragraphe ou si cette rente vient à cesser d'être servie par l'effet de l'une quelconque des dispositions de la loi du 9 avril 1898, les intéressés ou leurs ayants cause recevront de l'Etat, à titre de pension, soit la différence entre la rente d'accident de travail et la pension militaire, soit la totalité de la pension militaire.

Les dispositions du présent article ne sont pas applicables aux mobilisés détachés dans les établissements, usines, mines et exploitations, qu'ils dirigent pour leur propre compte.

Art. 51. L'article 50 est applicable aux mobilisés détachés dans les exploitations agricoles, autres que celles dont ils sont propriétaires, fermiers ou métayers. Il est également applicable à leurs ayants droit.

Art. 52. Sous le régime de la mobilisation, et jusqu'au décret fixant la date de la cessation des hostilités, ont droit, ainsi que leurs ayants cause, aux avantages prévus par la présente loi et à la rente d'accident du travail, prévue par la loi du 9 avril 1898 :

1° Les agents des subdivisions complémentaires territoriales de chemins de fer de campagne;

2° Les militaires mis à la disposition des réseaux dans les conditions prévues par le Ministre de la guerre;

3° Les agents des sections actives de chemins de fer de campagne, détachés momentanément dans une compagnie de chemins de fer et touchant de cette dernière un salaire;

4° Les agents des sections actives de chemins de fer de campagne des chemins de fer de l'Etat, autorisés à toucher leur salaire pendant la guerre dans les conditions prévues au paragraphe 1er du décret du 30 août 1914.

Pour l'application du paragraphe précédent, les emplois des agents des sections de chemins de fer de campagne sont classés dans la hiérarchie militaire comme il est dit au tableau annexé à la présente loi.

La correspondance des tarifs des pensions avec les grades de la hiérarchie militaire ne modifie en rien la situation du personnel des chemins de fer telle qu'elle est réglée par les lois et règlements en vigueur.

Lorsque les mobilisés peuvent, à raison d'un même fait, prétendre à la fois à une allocation concédée à titre militaire et à une pension ou indemnité découlant de l'application de la législation sur les accidents du travail ou des règlements particuliers des compagnies, ils n'ont droit à cumul que dans la limite de la somme représentée par la différence entre la plus forte et la plus faible des deux allocations.

Art. 53. Les marins mis à la disposition du Ministre de la guerre pendant les hostilités, pour servir dans l'armée de terre, et leurs ayants cause, conservent leurs droits à l'application des tarifs de l'armée de mer, suivant le grade qu'ils y possédaient.

Toutefois, ceux d'entre eux qui auront été pourvus d'un nouveau grade dans l'armée de terre, même à titre provisoire, et leurs ayants cause, pourront réclamer l'application du tarif afférent à ce grade, s'il est plus avantageux.

Art. 54. Lorsque les médecins, pharmaciens, officiers d'administration ou infirmiers de la guerre ou de la marine seront décédés par suite de maladies endémiques et épidémiques ou contagieuses contractées dans leur service, leurs veuves seront admises à bénéficier de la pension du taux exceptionnel.

Art. 55. La pension définitive ou temporaire allouée pour cause d'aliénation mentale à un militaire ou marin interné dans un établissement public d'aliénés ou dans un établissement privé faisant fonction d'asile public sera employée, à due concurrence, à acquitter les frais de son hospitalisation.

Toutefois, en cas d'existence de femme ou d'enfants, l'administrateur des biens de l'aliéné ou son tuteur doit, avant tout autre prélèvement, verser dans les quinze premiers jours de chaque trimestre, à la femme ou au représentant légal des enfants, les majorations d'enfants et une somme égale à une pension de veuve du taux de réversion.

Le versement fait à la femme est, au point de vue de l'incessibilité et de l'insaisissabilité, assimilé à une pension.

L'Etat supporte seul la partie des frais d'hospitalisation qui n'auraient pu être acquittés par suite de la retenue exercée sur la pension, mais jusqu'à concurrence seulement des prix de journées allouées pour le régime ordinaire.

Si, après le payement de la pension due à la femme et aux enfants du malade, et après celui des frais d'hospitalisation, il reste un excédent, le tuteur ou l'administrateur des biens de ce pensionné emploie ce reliquat à l'amélioration de son sort.

En aucun cas, les départements, ni les communes ne seront appelés à contribuer à cette dépense.

Art. 56. Les grades conférés à titre temporaire ou auxiliaire, pour la durée de la guerre, comportent application du tarif afférent à ces grades pour la liquidation des pensions définitives ou temporaires prévues par la présente loi.

Lorsqu'un militaire sera tué à l'ennemi après avoir été l'objet d'une proposition à un grade supérieur, la pension des ayants droit sera liquidée sur ce grade, même si la nomination n'est intervenue que postérieurement au décès, pourvu que cette nomination ait effectivement eu lieu.

Art. 57. La présente loi est applicable à tout le personnel du service de santé et des formations militaires, temporaires ou auxiliaires, rattachées audit service, s'il a été victime de blessures de guerre ou de maladies contractées dans le service.

Elle est, en outre, applicable aux veuves, orphelins et ascendants du personnel masculin, ainsi qu'aux orphelins et ascendants du personnel féminin.

Les pensions définitives ou temporaires, allocations et majorations auxquelles ils pourront prétendre seront calculées d'après le taux prévu pour le soldat ou ses ayants droit.

Art. 58. Les pensions définitives ou temporaires, majorations et allocations concédées conformément à la présente loi demeurent soumises à toutes les règles relatives au cumul édictées pour les pensions militaires par les lois et règlements en vigueur.

Toutefois, les dispositions restrictives édictées par la loi du 22 décembre 1910 et l'article 37 de la loi du 30 décembre 1913, ne seront pas applicables aux pensions définitives ou temporaires, majorations ou allocations concédées en vertu de la présente loi.

Il en sera de même de la disposition restrictive édictée par l'article 40, paragraphe 1er de la loi du 30 décembre 1913 qui ne sera pas applicable aux pensions définitives ou temporaires concédées en vertu de la présente loi pour une invalidité supérieure au taux de 60 p. 100.

En aucun cas, et pour quelque cause que ce soit, une veuve ne pourra cumuler deux pensions sur sa tête, au titre de la présente loi.

Art. 59. Les officiers de carrière et les militaires ou marins rengagés qui n'ont pas accompli un nombre suffisant d'années de services pour avoir déjà droit, soit à la pension proportionnelle, soit à la pension d'ancienneté et qui ont été réformés pour infirmités attribuables au service qu'ils ont rempli pendant la guerre actuelle, pourront opter pour une pension composée, pour chacune de leurs années de services, d'autant de fractions (1/30° ou 1/25°, suivant leurs armes et leurs grades) du minimum de la pension d'ancienneté de leur grade, et augmentée, pour les campagnes dont ils bénéficient, du total de leurs annuités d'accroissement.

Cette pension sera, uniformément pour tous les grades, majorée d'une somme égale à la pension d'invalidité allouée à un soldat atteint de la même infirmité.

La disposition qui précède profitera aux militaires réformés pour invalidité avant la guerre et qui auront repris du service depuis le 2 août 1914.

Art. 60. Les militaires ou marins titulaires d'une pension d'ancienneté, d'une pension proportionnelle ou d'une pension de réforme, ou en possession de droits à l'une de ces pensions, qui auraient été atteints, au cours de la guerre actuelle, d'infirmités susceptibles d'ouvrir droit à pension ou à gratification, peuvent opter :

1° Soit pour la pension d'infirmités afférente à leur grade, le service de cette pension comportant la suspension de la pension d'ancienneté, de la pension proportionnelle ou de la pension de réforme dont ils auraient la jouissance ou qui viendrait à leur être concédée;

2° Soit pour la pension d'ancienneté, la pension proportionnelle ou la pension de réforme, auquel cas il leur sera attribué, à titre définitif ou temporaire, suivant que l'infirmité est ou non incurable, une majoration uniforme pour tous les grades, dont le taux sera égal à celui des pensions allouées aux soldats atteints de la même invalidité.

L'option ainsi exercée, tant en vertu du présent article que de l'article précédent, sera définitive; mais, dans le cas où le militaire ou marin aurait opté pour la deuxième alternative, sa veuve ou ses orphelins pourront, néanmoins, s'ils n'ont droit à réversion que du chef de la pension pour infirmités allouée à titre complémentaire, obtenir une pension calculée comme si le mari ou le père avait opté pour la première alternative.

Art. 61. Les agents de l'Etat, des départements, communes, colonies ou établissements publics, placés au point de vue de la retraite sous le régime de la loi du 20 juillet 1886, et qui ont droit à une pension militaire définitive ou temporaire pour infirmités en vertu de la présente loi, ne pourront, s'ils font valoir leurs droits à une pension anticipée sur la Caisse nationale des retraites à raison des mêmes infirmités, prétendre de ce dernier chef à une bonification de l'Etat.

Art. 62. Le droit d'option ouvert par la loi du 14 mars 1915 est étendu aux inscrits maritimes tributaires de la Caisse des invalides de la marine.

Art. 63. Les titulaires des pensions définitives ou temporaires prévues par la présente loi ne peuvent demander leur admission au bénéfice de la loi du 14 juillet 1905, en qualité d'infirmes ou incurables, que s'ils justifient d'infirmités autres que celles qui ont donné lieu à pension définitive ou temporaire en vertu de la présente loi.

Art. 64. L'Etat doit à tous les militaires et marins bénéficiaires de la présente loi, leur vie durant, les soins médicaux, chirurgicaux et pharmaceutiques, nécessités par la blessure ou la maladie contractée ou aggravée en service, qui a motivé leur réforme.

Les ayants droit seront, sur leur demande, inscrits de plein droit sur des listes spéciales établies chaque année à leur domicile de secours sous le titre : « Soins médicaux aux victimes de la guerre ».

Cette inscription leur donnera le droit à la gratuité des soins médicaux et pharmaceutiques, mais exclusivement pour les accidents ou complications résultant de la blessure ou de la maladie qui aura donné lieu à pension.

Les bénéficiaires de la présente loi auront droit au libre choix du médecin et du pharmacien.

Les frais des soins médicaux et pharmaceutiques seront supportés par l'Etat. Le tarif en sera établi par un décret d'administration publique, pris après entente avec les représentants autorisés des organisations et des syndicats professionnels intéressés.

Si l'hospitalisation est reconnue nécessaire, les malades seront admis, à leur choix, dans les salles militaires ou dans les salles civiles de l'hôpital de leur ressort. L'Etat payera les frais de séjour suivant le tarif adopté dans l'hôpital mixte du chef-lieu d'arrondissement le plus voisin.

Les frais de voyage que devront faire les malades pour se rendre dans l'hôpital où ils seront traités ou mis en observation seront également à la charge de l'Etat. Ils seront payés dans des conditions déterminées par un règlement d'administration publique.

Sous réserve expresse, et en conformité des dispositions prises et des principes établis aux paragraphes 4, 5, 6 et 7 du présent article, lorsque les ayants droit feront partie ou deviendront membres d'une société de secours mutuels régulièrement constituée en vertu de la loi du 1er avril 1898 et assurant le service maladie, ou d'une société de secours des ouvriers mineurs ou des caisses de secours des syndicats professionnels, ils pourront recevoir de leur société les soins médicaux, chirurgicaux et pharmaceutiques dont ils doivent bénéficier.

Les frais de toute nature provenant desdits soins seront remboursés aux sociétés par l'Etat, d'après les tarifs établis en vertu des dispositions prévues aux paragraphes 5, 6 et 7 susvisés.

Un règlement d'administration publique déterminera les conditions d'application du présent article pour tout ce qui intéresse les rapports de l'Etat avec les sociétés; il fixera, notamment, les conditions dans lesquelles sera notifiée aux sociétés la nature des blessures ou des maladies qui ont motivé la réforme de leurs membres participants bénéficiaires de la présente loi, ainsi que les conditions dans lesquelles devront être établis les certificats médicaux produits par les sociétés à l'appui de leur demande de remboursement et les conditions dans lesquelles les sociétés de secours mutuels, les sociétés de secours des ouvriers mineurs et les caisses de secours des syndicats professionnels seront indemnisées de tout ou partie du supplément de dépenses qu'entraînera l'application du présent article.

Art. 65. A titre transitoire et pour l'appréciation des invalidités provenant de la guerre actuelle, lorsque l'évaluation donnée pour une infirmité par le barème prévu à l'article 9 sera inférieure à celle dont bénéficiait cette même infirmité d'après les lois et règlements antérieurs, l'estimation résultant de ces lois et règlements sera appliquée et servira de base à la fixation de la pension.

Les majorations pour enfants, instituées par la présente loi, seront allouées dans tous les cas et liquidées suivant le taux de la pension définitive ou temporaire concédée.

Art. 66. Les militaires et marins ainsi que les veuves et orphelins de la guerre actuelle qui auront, par suite de l'effet ré-troactif de la présente loi, à recevoir des arrérages ou supplé-ments d'arrérages s'élevant ensemble à plus de trois cents francs (300 francs), seront payés en espèces, jusqu'à concurrence d'un quart de la somme qui leur sera due; pour le surplus, il leur sera remis des bons du Trésor remboursables dans le délai d'un an.

Art. 67. Les pensions définitives ou temporaires, les gratifi-cations et allocations de toute nature, attribuées en raison de droits ouverts depuis le 2 août 1914, peuvent être revisées dans les cas suivants :

1° Lorsqu'une erreur matérielle de liquidation a été commise au préjudice de l'intéressé;

2° Lorsque les énonciations des actes ou des pièces, sur le vu desquelles le décret de concession a été rendu, sont reconnues inexactes, soit en ce qui concerne le grade, le décès ou le genre de mort, soit en ce qui concerne l'état civil ou la situation de famille.

Cette revision a lieu sans condition de délai, dans les mêmes formes que la concession, sur l'initiative du Ministre liquidateur ou à la demande des parties et par voie administrative, si la dé-cision qui avait alloué la pension définitive ou temporaire, la gratification ou l'allocation n'avait fait l'objet d'aucun recours.

Dans le cas contraire, la demande en revision sera portée de-vant le tribunal qui avait rendu la décision attaquée. Il sera saisi dans les formes indiquées au titre IV de la présente loi.

Le Trésor ne pourra exiger la restitution des sommes payées indûment que si l'intéressé était de mauvaise foi.

Art. 68. Les pensions d'infirmités définitives peuvent être re-visées si le taux de l'invalidité s'est accru de 10 p. 100 au moins depuis l'époque de la concession de la pension, à la condition :

1° Que le supplément d'invalidité soit exclusivement imputable à la blessure ou à la maladie constitutive de l'infirmité pour la-quelle la pension a été accordée;

2° Que l'intéressé demande la revision dans les cinq années qui suivent la concession de la pension définitive.

Art. 69. Le droit à revision est également ouvert au profit du militaire ou marin, titulaire d'une pension pour la perte d'un œil ou d'un membre, qui, par suite d'un accident postérieur à la liquidation de sa pension, venant à perdre le second œil ou un second membre, se trouverait de ce fait atteint d'une incapacité absolue, sans être indemnisé par un tiers pour cette seconde infirmité.

Dans ce cas, sa pension sera portée au chiffre attribué aux militaires pour une infirmité de 100 p. 100; le recours de l'Etat s'exercera contre les tiers responsables de l'accident.

Art. 70. En cas de disparition, et sans préjudice du délai de droit commun, il est accordé une année au militaire ou marin, à dater du jour de sa rentrée en France, pour faire valoir ses droits à pension-définitive ou temporaire, à condition qu'il établisse l'origine de son infirmité et qu'il en ait fait constater la nature dans le délai de deux mois après son retour.

Art. 71. Les majorations de pensions définitives ou temporaires accordées aux enfants jusqu'à l'âge de 18 ans sont incessibles et insaisissables.

Quand le titulaire d'une pension définitive ou temporaire est déchu de la puissance paternelle, les majorations d'enfants sont inscrites au nom du tuteur du mineur et payées au tuteur.

Art. 72. Les militaires et marins en possession de droits à pension définitive ou temporaire, qui pourraient en même temps prétendre, soit à la solde de non-activité pour infirmités temporaires créée par la loi du 19 mai 1834 (art. 16, § 1er), soit aux soldes de réforme instituées par les lois du 21 mars 1905 (art. 6, § 9) et du 8 août 1913 (art. 7, § 6), soit à la gratification temporaire créée par le décret du 30 octobre 1852 et celui du 15 novembre 1914, auront le droit d'opter pour le régime le plus favorable.

Art. 73. Les tarifs de pensions fixés pour les militaires français sont applicables aux militaires indigènes de l'Algérie et des colonies ou pays de protectorat dans lesquels le recrutement s'opère par voie de conscription.

Art. 74. Dans tous les cas où un militaire indigène musulman, non naturalisé, originaire de l'Algérie, de la Tunisie ou du Maroc, sera décédé dans des conditions qui ouvriraient droit à pension militaire à la veuve ou aux orphelins d'un militaire français, il sera alloué à la famille de ce militaire une pension qui sera partagée, par tête, entre les veuves, les orphelins mineurs et, éventuellement, les ascendants, d'après la décision rendue par l'autorité locale, en s'inspirant des usages indigènes.

Ne seront toutefois considérés comme mineurs que les orphelins mâles âgés de moins de 18 ans et les orphelines non mariées, également âgées de moins de 18 ans.

La pension ou la part de pension obtenue en vertu du présent article cessera d'être perçue par la veuve en cas de remariage, par l'orphelin lorsqu'il atteindra 18 ans révolus, par l'orpheline lorsqu'elle atteindra 18 ans révolus ou se mariera avant cet âge.

Il y a réversibilité des droits à pension ou à part de pension entre la veuve décédée ou remariée et ses enfants mineurs, entre les orphelins d'un même lit, jusqu'à ce que le plus jeune ait cessé d'être mineur, la minorité s'entendant au sens défini par le 2e alinéa du présent article.

Il n'y a jamais de réversibilité entre les groupes représentant des lits différents.

La preuve du mariage est faite par la production, soit d'actes régulièrement inscrits suivant les prescriptions de l'article 17 de la loi du 23 mars 1882 sur l'état civil des indigènes musulmans de l'Algérie, soit, à défaut, d'un acte établi par le cadi.

La réalité des mariages contractés entre le 2 août 1914 et la date fixée par un décret à intervenir après la cessation des hostilités pourra être établie par la preuve testimoniale.

Un règlement d'administration publique statuera sur les droits à pension définitive ou temporaire des militaires ou marins indigènes des colonies et pays de protectorat autres que l'Algérie, la Tunisie et le Maroc et sur les droits de leurs veuves, orphelins et ascendants.

Art. 75. La présente loi, en cas de décès ou d'invalidité, est applicable aux étrangers admis, pendant la guerre, à servir à ce titre, dans l'armée de mer, ainsi qu'à leurs veuves ou orphelins, d'après le grade qui leur a été conféré.

Seront traités comme les militaires servant au titre étranger dans l'armée française et comme les veuves ou orphelins de ces militaires, les militaires des armées polonaise et tchéco-slovaque créées en France ainsi que leurs veuves ou orphelins, tant que ces militaires seront au compte du Trésor français.

Les étrangers qui ont pris du service dans la marine de commerce française, et leurs veuves ou orphelins, seront admis à bénéficier des dispositions de la loi du 3 avril 1918, lorsque les Etats dont ils sont ressortissants accorderont la réciprocité aux sujets français.

Art. 76. Le militaire ou marin qui, par le fait des blessures ou des infirmités ayant ouvert le droit à pension, ne peut plus exercer son métier habituel, a droit à l'aide de l'Etat, en vue de sa rééducation professionnelle.

L'Office national des mutilés et réformés de guerre, institué par la loi du 2 janvier 1918, déterminera les conditions dans lesquelles les collectivités ou œuvres agréées à cet effet pourront organiser cette rééducation. Il fixera les conditions générales selon lesquelles seront passés, sous le contrôle de l'inspection du travail, les contrats d'apprentissage.

Le militaire ou marin pourra aussi, pour sa rééducation et dans les mêmes conditions, passer un contrat d'apprentissage avec un patron particulier.

L'Etat versera au militaire ou marin, infirme ou invalide de guerre, et qui fera l'apprentissage d'un nouveau métier conformément aux dispositions ci-dessus, une allocation quotidienne égale au cinquième de son salaire et qui ne pourra être inférieure à 1 franc ni supérieure à 2 francs. Quand il n'y aura pas salaire, l'allocation quotidienne sera au minimum de 1 franc et au maximum de 2 francs.

L'Office national des mutilés et réformés de la guerre fixera dans quelles conditions seront attribuées ou supprimées ces allocations.

Le bénéfice de la loi du 2 janvier 1918 est étendu aux femmes pensionnées de la guerre. L'Office national des mutilés sera chargé de leur en assurer l'application dans des conditions qui seront fixées par décret.

Art. 77. Des règlements d'administration publique détermineront les conditions d'application de la présente loi et fixeront notamment le mode et le taux de la rémunération du médecin et du pensionné membres du tribunal départemental des pensions.

La présente loi, délibérée et adoptée par le Sénat et par la Chambre des députés, sera exécutée comme loi de l'Etat.

Fait à Paris, le 31 mars 1919.

R. POINCARÉ.

Par le Président de la République :

Le Président du Conseil, Ministre de la guerre,
Georges CLEMENCEAU.

Le Ministre des finances,
L.-L. KLOTZ.

Le Ministre de la marine,
Georges LEYGUES.

Décret portant règlement d'administration publique pour l'application de la loi du 31 mars 1919 sur les pensions militaires.

Paris, le 2 septembre 1919.

Le Président de la République française,

Sur le rapport du Ministre de la guerre et du Ministre de la marine,

Vu la loi du 31 mars 1919, modifiant la législation des pensions des armées de terre et de mer en ce qui concerne les décès survenus, les blessures reçues et les maladies contractées ou aggravées en service, notamment l'article 77, ainsi conçu : « Des règlements d'administration publique détermineront les conditions d'application de la présente loi... »;

Vu la loi du 11 avril 1831 et l'ordonnance du 2 juillet 1831 sur les pensions de l'armée de terre;

Vu la loi du 18 avril 1831 et l'ordonnance du 26 janvier 1832 sur les pensions de l'armée de mer;

Vu la loi du 18 juin 1919 concernant les commissions de réforme;

Vu la loi du 10 juillet 1901 sur l'assistance judiciaire;

Vu l'avis du Garde des sceaux, Ministre de la justice, et ceux des Ministres des affaires étrangères, de l'intérieur et des finances;

Le Conseil d'Etat entendu;

Décrète :

TITRE PREMIER.

Instruction des demandes de pensions d'invalidité.

CHAPITRE PREMIER.

MILITAIRES PRÉSENTS SOUS LES DRAPEAUX.

Art. 1er. Les militaires ou marins qui, avant de quitter le service, veulent faire valoir leurs droits à une pension de retraite pour cause de blessures reçues ou d'infirmités ou maladies contractées ou aggravées en service doivent, s'ils n'ont pas été proposés d'office, **adresser leur demande par la** voie hiérarchique au chef dont ils relèvent.

En vue de cette demande, tout chef de corps ou de détachement, tout commandant de bâtiment ou chef de service de la guerre ou de la marine est tenu, dès que se produit un fait de nature à ouvrir droit à pension, de faire constater, par tous les moyens mis à sa disposition, l'origine des blessures reçues, des maladies ou infirmités contractées ou aggravées dont sont atteints les militaires ou marins placés sous ses ordres. Il est établi des certificats énonçant les faits constatés et les éléments qui peuvent déterminer la relation de ces faits avec le service.

Pour établir cette relation, il peut être dressé tout procès-verbal ou fait toute enquête qu'il appartiendra.

Art. 2. La demande ou la proposition d'office, ainsi que les certificats et documents prévus à l'article précédent, les états de service de l'intéressé et les billets d'hôpital ou, à défaut, toute autre pièce médicale justificative, sont adressés à l'établissement sanitaire désigné par arrêté ministériel comme centre de réforme pour la subdivision ou pour l'arrondissement maritime.

CHAPITRE II.

MILITAIRES RENVOYÉS DANS LEURS FOYERS.

Art. 3. Lorsque les militaires ou marins qui ne sont pas sous les drapeaux veulent faire valoir leurs droits à pension, ils adressent leurs demandes au directeur du service de santé de la région où ils résident.

En ce qui concerne le personnel de la marine, les demandes de pension sont adressées au directeur du service de santé, soit du port d'attache pour les officiers, soit du port chef-lieu de l'arrondissement maritime où elle est immatriculée pour toute autre personne.

La demande doit être présentée dans *les cinq ans* de l'ouverture du droit à pension; elle indique les nom, prénoms et adresse de l'intéressé, le corps, bâtiment de la flotte ou service auquel il a appartenu en dernier lieu; elle doit également indiquer si l'état de santé de l'intéressé lui rend impossible ou difficile tout déplacement.

L'autorité qui a reçu la demande la transmet, sans délai, au centre de réforme qu'elle charge de l'instruction.

Art. 4. Dans les huit jours qui suivent la réception de la demande par le centre de réforme, le médecin-chef réclame, au corps ou service auquel a appartenu en dernier lieu l'intéressé, ses états de service et tous les documents concernant les blessures, infirmités ou maladies qui motivent la demande de pension.

Le médecin-chef du centre de réforme peut, en outre, correspondre directement avec les autorités civiles ou militaires en vue d'obtenir tous renseignements utiles à l'instruction de l'affaire.

Dès que le centre de réforme est en possession de ces documents et renseignements, il avise l'intéressé des jour, lieu et heure auxquels il sera soumis aux visites médicales réglementaires.

Art. 5. Il est procédé à ces visites non seulement au centre de réforme, mais encore dans toute localité qui sera désignée par le médecin-chef du centre de réforme. Des tournées de visite sont organisées par ses soins quand l'utilité en est reconnue.

Le programme de ces tournées est arrêté soit par le général commandant la région ou le gouverneur militaire, soit par le préfet maritime, sur la proposition du directeur du service de santé.

Une instruction ministérielle détermine les conditions dans lesquelles il est procédé aux visites médicales.

S'il n'y a pas d'établissement sanitaire dans la localité où la visite doit être passée, elle a lieu dans une des salles de la mairie, ou dans tout autre local approprié désigné d'accord avec l'autorité municipale.

Art. 6. A titre exceptionnel, pendant quatre ans, à partir de la publication du présent décret, les tournées prévues ci-dessus sont obligatoires; elles sont organisées de façon qu'au moins une fois par an une visite ait lieu dans chaque canton du département. La visite doit être annoncée au moins huit jours à l'avance.

Art. 7. Les visites auxquelles sont soumis les militaires ou marins en vue de l'obtention d'une pension pour blessure, infirmité ou maladie sont effectuées par deux médecins que désigne le chef du centre de réforme chargé de l'instruction de la demande.

Ces médecins, qualifiés médecins experts, sont choisis soit parmi les médecins militaires, soit sur une liste de médecins civils arrêtée tous les ans, pour chaque centre, par le Ministre compétent, sur la proposition du directeur du service de santé de la région ou de l'arrondissement maritime.

En cas d'urgence ou de circonstances spéciales, le médecin-chef du centre de réforme peut désigner, pour une affaire ou une séance déterminée, un ou deux médecins experts ne figurant pas sur la liste réglementaire, mais attachés à un service public. L'acte de nomination mentionne les motifs spéciaux de cette désignation.

Art. 8. Préalablement à l'examen de l'intéressé, les médecins experts doivent être mis en possession des pièces de l'instruction nécessaires à cet examen. Ils peuvent procéder à la visite soit ensemble, soit séparément; mais, dans tous les cas, ils établissent chacun un certificat qui est revêtu de leur signature.

L'intéressé a la faculté de produire aux médecins experts tout certificat médical ou document qu'il juge utile et dont il peut demander l'annexion au dossier. Il peut également, à chacune des visites auxquelles il est procédé, se faire assister par un médecin de son choix; ce médecin présente, s'il le juge utile, des observations écrites, qui sont jointes au procès-verbal.

Lorsque l'intéressé, qui n'est plus au corps, ne peut être utilement examiné qu'après une mise en observation dans un hôpital, l'hospitalisation doit être d'aussi courte durée que possible. Si cette durée doit dépasser quatre jours, il en est immédiatement rendu compte au directeur du service de santé, qui prescrit les mesures nécessaires.

Les personnes ainsi mises en observation ont droit aux indemnités prévues au paragraphe 1er de l'article 44 ci-après.

Art. 9. Dans le cas où l'état de santé de l'intéressé ne permet pas de le transporter, celui-ci en fait la déclaration, à laquelle il joint un certificat médical. La visite est alors faite à domicile par les médecins experts et il est procédé conformément aux règles indiquées ci-dessus.

Art. 10. Lorsque l'instruction médicale est achevée, tout le dossier est adressé au président de la commission de réforme; celui-ci, d'accord avec le médecin-chef du centre de réforme, fixe la date à laquelle il sera statué par la commission.

L'intéressé est convoqué, huit jours au moins à l'avance, par lettre recommandée, qui lui fait connaître la proposition dont il est l'objet. Toutefois, par dérogation à cette règle, si l'intéressé a une résidence éloignée du centre de réforme, il peut, sur sa demande, être présenté sans délai à la commission de réforme, de façon à éviter un nouveau déplacement.

Si l'intéressé, invité à se présenter devant la commission de réforme et s'en remettant aux avis formulés par les médecins experts, estime inutile d'assister à la séance, il en avise par écrit le président de la commission.

Dans ce cas, si la commission de réforme n'adopte pas les conclusions des médecins experts, l'intéressé est convoqué à nouveau dans le même délai pour être définitivement statué.

Il est, en séance, donné lecture de toutes les pièces dont il sera fait état dans l'examen de l'affaire.

S'il a été reconnu par le médecin expert que l'intéressé ne peut pas être transporté, il lui est donné, en copie, communication des pièces produites postérieurement à la visite.

Art. 11. La commission entend les observations que peuvent avoir à présenter soit l'intéressé, soit le médecin par lequel il a le droit de se faire assister; elle entend également, s'il y a lieu, les médecins experts et le fonctionnaire de l'intendance ou le commissaire de la marine, qui assiste à la séance, par application de la loi du 18 juin 1919; elle ordonne, si besoin est, tout supplément d'instruction ou nouvelle visite reconnue nécessaire; elle apprécie ensuite l'aptitude de l'intéressé au service militaire, le degré de l'invalidité dont il est atteint et le caractère temporaire ou permanent des infirmités qu'il invoque. Elle émet son avis sur le droit à l'hospitalisation prévu à l'article 10 de la loi du 31 mars 1919, ou à la majoration de pension pour incapacité de se nourrir et de se conduire ou d'accomplir les actes essentiels de la vie; elle formule enfin ses propositions.

Le sous-intendant ou le commissaire de la marine qui assiste à la séance fait expressément mentionner au procès-verbal les observations qu'il croit devoir présenter.

Art. 12. Si l'intéressé, n'ayant pas renoncé au droit de se présenter à la commission de réforme, ne se rend pas à la convocation qui lui est adressée, il est convoqué à nouveau. En cas de non-comparution après la seconde convocation, sans cause reconnue valable, il en est dressé procès-verbal et la commission statue sur pièces.

Art. 13. Le procès-verbal de la commission de réforme accompagné de toutes les pièces de l'instruction, est ensuite transmis au Ministre compétent qui, après avoir pris l'avis soit du comité consultatif de santé, soit du conseil supérieur de santé de la marine, procède à la liquidation de la pension.

En cas de rejet de la demande, la décision établie dans les conditions prévues à l'article 6 de la loi est notifiée par la voie administrative.

Pour le personnel de la marine, la demande, accompagnée des pièces de l'instruction et du mémoire de proposition, est transmise au Ministre de la marine par l'intermédiaire du directeur du service de santé de l'arrondissement.

CHAPITRE III.

DEMANDES A FINS DE REVISION OU DE CONSTATATION D'ÉTAT.

Art. 14. Les demandes en revision prévues aux articles 7 et 68 de la loi du 31 mars 1919 sont, pour tout ce qui concerne les visites médicales et les règles de la procédure, soumises aux dispositions contenues dans les articles ci-dessus.

Toutefois, pour éviter des retards dans le payement des arrérages, les demandes à fin de prorogation ou de conversion de pension temporaire doivent être présentées deux mois avant l'expiration du délai pour lequel la première concession a été faite.

Art. 15. Tout ancien militaire ou marin qui désire faire constater son état pour réserver ses droits éventuels, spécialement en vue de l'application des dispositions contenues dans les articles 5 (§ 3) et 15 (§ 1er) de la loi du 31 mars 1919, adresse sa demande par lettre recommandée au directeur du service de santé.

Le directeur transmet la demande à un centre de réforme qui désigne un médecin expert pour procéder à la visite de l'intéressé. Celui-ci peut se faire accompagner par un médecin assistant qu'il choisit, et remettre telles attestations qu'il croit nécessaires pour être annexées au certificat de visite.

Le certificat est établi en deux exemplaires; l'un est remis à l'intéressé et l'autre joint à son dossier avec les pièces annexées.

Art. 16 Le directeur du service de santé peut, soit sur la demande de l'intéressé, soit d'office, faire procéder dans les mêmes formes à une contre-visite par un autre médecin expert.

CHAPITRE IV.

ANCIENS MILITAIRES ET MARINS RÉSIDANT A L'ÉTRANGER.

Art. 17 Tout ancien militaire ou marin domicilié à l'étranger, qui entend faire valoir ses droits à pension, temporaire ou définitive, par application de la loi du 31 mars 1919, adresse sa demande au consul de France de sa résidence. Celui-ci accuse réception de cette demande à l'intéressé et lui fait connaître, sans délai, le lieu, le jour et l'heure auxquels il sera procédé à la visite médicale prévue à l'article 7 ci-dessus.

Art. 18. Les deux médecins experts sont choisis sur une liste proposée par le consul et arrêtée par le Ministre des affaires étrangères. L'intéressé peut se faire assister par un médecin choisi par lui, comme il est dit à l'article 8.

La demande, les procès-verbaux de l'examen médical et les pièces annexées sont adressés par le consul au Ministre des affaires étrangères, qui les transmet au Ministre compétent.

Art. 19. Un des centres de réforme du gouvernement militaire de Paris est désigné par le Ministre de la guerre pour suivre l'instruction des affaires concernant les militaires et marins résidant à l'étranger.

La commission de réforme fonctionnant près de ce centre connaît de ces demandes.

Si le médecin-chef du centre estime qu'une contre-visite est nécessaire, il y est procédé par un ou deux médecins désignés par le Ministre des affaires étrangères sur la demande du Ministre intéressé; cette contre-visite est faite dans les mêmes formes que la première visite.

TITRE II.

Droits des veuves, des enfants et des ascendants.

CHAPITRE PREMIER.

DROITS DES VEUVES.

Art. 20. Toute veuve de militaire ou de marin qui fait valoir ses droits à une pension au titre de la loi du 31 mars 1919 adresse, selon le cas, sa demande, dont la signature doit être légalisée, soit au fonctionnaire de l'intendance chargé du service des pensions dans le département où elle réside, soit au directeur de l'intendance de l'arrondissement maritime.

Cette demande doit être accompagnée des pièces justificatives et mentionner l'existence ou la non-existence d'enfants âgés de moins de 18 ans au jour du décès du mari. Elle fait également connaître s'il y a des enfants pouvant donner lieu à l'application de l'article 20 de la loi du 31 mars 1919.

Les demandes de pension en faveur d'orphelins sont présentées par leur représentant légal.

Après instruction de la demande, le dossier est transmis au Ministre compétent.

Art. 21. Lorsqu'il y a lieu à application du dernier paragraphe de l'article 20 de la loi en faveur d'un orphelin atteint d'une infirmité incurable le mettant dans l'impossibilité de gagner sa vie, l'orphelin lui-même ou son représentant légal adresse une demande soit au fonctionnaire de l'intendance chargé de recevoir les demandes de pension faites au titre de l'armée de terre, soit au directeur de l'intendance de l'arrondissement maritime.

Ceux-ci en saisissent le médecin-chef du centre de réforme le plus rapproché du domicile de l'intéressé; le médecin-chef désigne sans délai deux médecins experts pour visiter l'intéressé, qui peut se faire assister par un médecin choisi par lui et produire des certificats qui sont annexés au procès-verbal.

Si la personne dont l'état doit être constaté ne peut pas être transportée, les médecins experts se rendent à son domicile.

Sur le vu des pièces et, s'il y a lieu, après enquête complémentaire, le médecin-chef du centre de réforme donne son avis et fait des propositions qui sont transmises au Ministre compétent.

Art. 22. La veuve qui se remarie, étant titulaire d'une pension prévue par la loi et qui entend renoncer à cet avantage en vue d'obtenir le versement immédiat d'un capital, présente sa demande, dont la signature doit être légalisée, au Ministre des finances.

Cette demande doit être faite au plus tard le lendemain de l'expiration de l'année qui suit le nouveau mariage; elle doit faire connaître si, du mariage avec le militaire défunt, il subsiste des enfants mineurs vivants.

Les arrérages de la pension de la veuve sont décomptés jusqu'à l'expiration de l'année qui suit le nouveau mariage; le capital est versé contre remise du titre de pension.

S'il y a lieu d'attribuer une pension au profit d'orphelins, celle-ci est liquidée sans délai; le point de départ des arrérages est la date à laquelle est arrêté le payement de ceux afférents à la pension de la mère.

CHAPITRE II.

DROITS DES ASCENDANTS.

Art. 23. Les demandes d'allocations au titre d'ascendant doivent être adressées, en ce qui concerne les militaires et les marins, à l'autorité compétente pour recevoir les demandes de pension de veuve.

Art. 24. Si le décès du militaire ou marin a donné lieu à une demande de pension pour veuve ou orphelin, les ascendants qui sollicitent une allocation doivent se référer à cette demande pour tout ce qui concerne les justifications à produire; dans le cas contraire, les demandes sont accompagnées de pièces justificatives.

Art. 25. Lorsque, pour obtenir une allocation, un ascendant ne remplissant pas les conditions d'âge requises par la loi du 31 mars 1919 invoque des infirmités ou maladies incurables, la demande d'allocation doit en faire mention.

Il en est de même lorsque la mère, veuve, divorcée et non mariée, invoque, pour obtenir une allocation, le fait qu'elle a à sa charge un ou plusieurs enfants infirmes.

Les infirmités ou les maladies sont constatées dans les formes prévues à l'article 21 du présent décret.

Art. 26. Si le Ministre compétent estime qu'il n'y a pas lieu de renouveler une allocation accordée à un ascendant, il saisit le tribunal des pensions par demande motivée et accompagnée de telles justifications que de droit.

Le greffier notifie par lettre recommandée avec avis de réception, à l'ascendant mis en cause, la requête du Ministre avec les moyens à l'appui et, au moins quinze jours à l'avance, lui fait connaître le jour où l'affaire sera portée devant le tribunal.

Le tribunal statue dans les formes prévues au titre III. S'il décide que l'ascendant ne remplit plus les conditions fixées par l'article 28, sa décision est notifiée par le commissaire du gou-

vernement au Ministre des finances qui, sans délai, supprime
l'allocation.

Art. 27. Dans les hypothèses prévues par les articles 13 (§ 2),
17, 26 et 33 de la loi du 31 mars 1919, il est statué sur les demandes de pension ou d'allocation seulement après que le tribunal civil saisi par une simple requête se sera prononcé en
chambre du conseil sur la question de savoir : soit si le militaire
défunt a été le soutien des enfants issus d'une précédent mariage
de sa femme, soit si des circonstances de fait ont empêché un
militaire de reconnaître un enfant naturel, soit enfin si une personne a, dans les conditions de la loi, recueilli, élevé et entretenu
un enfant orphelin ou abandonné.

La décision du tribunal est rendue sans frais.

TITRE III.

Voies de recours.

CHAPITRE PREMIER.

ORGANISATION DES TRIBUNAUX DES PENSIONS ET DES COURS RÉGIONALES.

Art. 28. Chaque année, dans la première quinzaine du mois
de décembre et chaque fois qu'il apparaît nécessaire, le tribunal
civil du chef-lieu du département et celui du chef-lieu d'arrondissement, lorsqu'il a été institué une section siégeant audit chef-
lieu, procèdent en assemblée générale aux désignations prévues
pour la composition du tribunal des pensions. Pour chaque tribunal des pensions ou, lorsqu'il y a sectionnement, pour chaque
section, il est nommé un juge membre titulaire, et un juge membre suppléant appelé à remplacer en cas d'empêchement le juge
membre titulaire. Lorsque le nombre des juges du tribunal civil
est de trois au moins, il sera désigné deux membres suppléants.

Dans les tribunaux civils composés de plusieurs chambres, le
président, par déclaration expresse à l'assemblée générale et
insérée au procès-verbal, fait connaître s'il entend présider le
tribunal des pensions.

En cas de négative, le tribunal est présidé par le vice-président du tribunal civil ou, s'il existe plusieurs vice-présidents,
par celui d'entre eux que désigne l'assemblée générale.

S'il y a au même chef-lieu de département plusieurs sections, cette assemblée désigne autant de vice-présidents qu'il y a de sections; elle en désignera un de moins, s'il résulte du procès-verbal que le président doit présider la 1re section du tribunal des pensions.

Dans le cas où le président ou le juge délégué au tribunal des pensions cessent leurs fonctions au tribunal civil, les magistrats qui les remplacent sont membres de plein droit du tribunal des pensions.

En cas d'empêchement momentané, le président du tribunal des pensions est remplacé par le juge membre titulaire ou, à son défaut, par le plus ancien des juges membres suppléants.

Les départements dans lesquels il est créé des sections de tribunaux de pensions, ainsi que leur siège et leur ressort, sont déterminés dans un tableau annexé au présent décret.

Art. 29. Chaque année, dans la seconde quinzaine de novembre et chaque fois qu'il est nécessaire, le président du tribunal civil du chef-lieu intéressé fait parvenir au ministère de la justice, en vue de la désignation d'un médecin titulaire et de deux médecins suppléants, la liste départementale des médecins experts près les tribunaux du département et la liste de dix membres présentée par les syndicats ou associations de médecins du département. Cette liste doit contenir autant de noms complémentaires que le tribunal des pensions comporte de sections en sus de la première et est établie, s'il y a plusieurs syndicats ou associations, dans les formes prévues à l'article 32 ci-dessous pour la désignation des délégués des pensionnés.

Art. 30. Chaque année, dans la première quinzaine de décembre et chaque fois qu'il est nécessaire, le préfet fait parvenir au président du tribunal des pensions les listes présentées par les associations de mutilés ou de réformés. A l'effet de pouvoir procéder au tirage au sort sur une liste de vingt membres, notamment lorsqu'il y a plusieurs sections dans le département ou qu'un membre délégué n'a pas été agréé par le tribunal, les associations désignent un nombre supplémentaire de pensionnés égal au double de celui des sections augmenté de six unités. Un tirage au sort spécial détermine l'ordre dans lequel les jurés supplémentaires sont appelés à figurer sur la liste définitive.

Art. 31. Les associations de mutilés et de réformés, constituées en sociétés de secours mutuels ou en associations déclarées, dans les conditions de l'article 5 de la loi du 1er juillet 1901, doivent, si elles désirent participer à l'élection des délégués, en faire la demande au préfet. Cette demande doit être présentée un mois au moins avant la date à laquelle le préfet est tenu, par application de l'article 30 ci-dessus, de faire parvenir la liste des pensionnés au président du tribunal des pensions; la liste des membres de ces sociétés et les statuts de l'association, si ceux-ci n'ont pas été déposés à la préfecture qui reçoit la demande, doivent être annexés à la demande. Sur le vu de ces documents, le préfet attribue à chacune de ces associations le nombre de délégués et de délégués suppléants qu'elles ont à élire; il leur fait connaître les bases de la répartition arrêtée et qui doit, autant que possible, être proportionnelle au nombre des adhérents de chacune des associations.

Art. 32. Les associations ont le droit de se grouper en vue de la répartition à faire par le préfet pour l'établissement des listes. Dans ce cas, il est attribué à chaque groupement un nombre de représentants proportionnel au nombre total des adhérents des associations groupées.

Au cas où une association ou groupement ne procède pas dans les délais impartis à la désignation des membres qu'ils ont à élire, le préfet attribue cette nomination à d'autres associations ou groupements proportionnellement au nombre de leurs adhérents.

Enfin, si la liste de vingt membres ne peut être établie, le pensionné est désigné par le tribunal.

Art. 33. Si un des membres titulaires ou suppléants du tribunal cesse ses fonctions au cours de son mandat, il est immédiatement remplacé par un suppléant qui, selon le cas, est nommé par le tribunal civil, par le Ministre de la justice ou au moyen d'un nouveau tirage au sort sur la liste des pensionnés.

Les pouvoirs des membres du tribunal des pensions ainsi nommés en cours d'année cessent à la même date que ceux des autres membres du tribunal.

Art. 34. Si, dans un département, plusieurs sections siègent au chef-lieu, le vice-président du conseil de préfecture fait partie de la première section; le rang d'ancienneté détermine l'ordre dans lequel les conseillers de préfecture sont appelés dans les autres sections.

Dans la même hypothèse, le greffier du tribunal civil est attaché à la première. Dans les autres sections, le conseiller de préfecture est remplacé comme il est prescrit au paragraphe 3 de l'article 47 de la loi et les fonctions de greffier sont remplies par un des commis greffiers du tribunal civil que désigne le président de ce tribunal.

Art. 35. Chaque année, dans la première quinzaine du mois de décembre, la cour d'appel nomme pour la constitution de la cour régionale des pensions les trois magistrats-suppléants dont la désignation est prévue par l'article 37 (4ᵉ alinéa) de la loi du 31 mars 1919.

En cas de remplacement à la cour d'appel d'un conseiller désigné pour faire partie de la cour régionale des pensions, il est procédé comme il est prescrit à l'article 28 (§ 4) ci-dessus.

En cas d'empêchement temporaire, le président de la cour régionale des pensions est remplacé par le plus ancien des conseillers membres titulaires.

Art. 36. A titre transitoire, les désignations, opérations et transmissions ci-dessus indiquées seront effectuées dans les deux mois qui suivront la publication du présent décret, et les membres du tribunal des pensions et de la cour régionale des pensions resteront en fonctions jusqu'au 31 décembre de l'année qui suivra celle où ils ont été désignés.

CHAPITRE II.

PROCÉDURE.

Art. 37. Le tribunal ne peut valablement délibérer que s'il compte cinq membres présents ou trois membres seulement lorsque les décisions sont rendues sur procédure sommaire; dans ce dernier cas, le tribunal est saisi par simple requête et statue en chambre du conseil.

Sont considérées comme affaires sommaires les mesures préparatoires et celles auxquelles le caractère d'affaires sommaires est expressément conféré par une disposition de loi ou de règlement.

S'il y a opposition à ces décisions, elles sont portées devant le tribunal siégeant à cinq membres.

Pour la première application du présent règlement, le tribunal, siégeant à quatre membres, agréera la liste des pensionnés sur laquelle doit être effectué le tirage au sort du pensionné.

Art. 38. La requête par laquelle le tribunal est saisi et qui est adressée par lettre recommandée au greffier doit indiquer les nom, prénoms, profession et domicile du demandeur. Elle précise l'objet de la demande et les moyens invoqués; si elle n'est pas accompagnée de la décision attaquée, elle doit en faire connaître la date.

La requête peut être déposée au greffe du tribunal des pensions.

Art. 39. Le greffier doit aviser, conformément à l'article 38 (§ 3) de la loi de 1919, le général commandant la région ou le Ministre de la marine du dépôt de la requête, qu'il adresse, après accomplissement de cette formalité, au président du tribunal des pensions.

Communication de la requête est faite par ce magistrat au commissaire du gouvernement.

Dès que l'instruction est complète, le greffier envoie à l'intéressé une lettre recommandée le convoquant pour la tentative de conciliation.

Art. 40. A l'audience de conciliation à laquelle l'intéressé peut se faire représenter comme il est dit à l'article 39 (§ 2) de la loi du 31 mars 1919, le commissaire du gouvernement représentant du Ministre, assisté si besoin est d'un médecin, donne lecture de tous les documents relatifs aux faits sur lesquels est fondé le refus de pension, notamment en ce qui concerne les présomptions relatives à l'origine des blessures, accidents ou maladies et à l'aggravation de ces dernières.

Ces documents peuvent être communiqués sur place aux intéressés dans des conditions déterminées par le président.

En cas de non-comparution lors de la tentative de conciliation, la communication sur place de ces documents est faite, si elle est demandée, soit à l'intéressé, soit aux personnes ayant qualité pour le représenter.

Art. 41. Le greffier du tribunal départemental tient sur papier libre les registres suivants, qui sont cotés et paraphés par le président :

1° Un registre sur lequel sont inscrites, par date d'entrée, toutes les affaires concernant les demandes de pension ainsi que, sous la rubrique de chaque affaire, l'énonciation de tous les actes de procédure les concernant;

2° Un registre contenant les ordonnances du président en cas de conciliation et les décisions du tribunal;

3° Un registre sur lequel sont inscrites les demandes concernant les attributions d'allocations et les affaires de toute nature sur lesquelles il est statué sur procédure sommaire.

Le greffier de la cour régionale tient dans les mêmes conditions que ci-dessus :

1° Un registre général comprenant l'indication pour chaque affaire de tous les actes de la procédure;

2° Un registre contenant les décisions de la cour.

Les greffiers du tribunal et de la cour établissent, en outre, un répertoire par lettre alphabétique comprenant les noms des demandeurs avec les références aux différents registres.

Ils constituent pour chaque affaire un dossier portant le numéro d'inscription au registre général et contenant tous les documents, lettres, talons, avis de réception, exploits, actes, titres, etc., classés par ordre chronologique et numérotés.

Art. 42. Le recours au Conseil d'Etat peut être formé pour excès de pouvoir, vice de forme ou violation de la loi, soit contre la décision de la cour régionale statuant en appel du tribunal départemental, soit directement contre la décision du tribunal départemental lui-même; dans ce dernier cas, le recours au Conseil d'Etat ne sera pas recevable tant que le délai d'appel sera ouvert et, dans le cas où un appel aurait été formé, tant que la cour régionale n'aura pas statué.

CHAPITRE III.

ALLOCATIONS DIVERSES ET FRAIS.

Art. 43. Il est alloué au réformé en instance de pension qui a comparu sur convocation devant le tribunal des pensions une indemnité de 8 francs pour la journée de sa comparution au préliminaire de conciliation et pour celle de l'audience; cette indemnité est portée à 12 francs si l'intéressé ne peut rentrer chez lui le même jour.

Celui-ci reçoit, en outre, des frais de voyage qui sont fixés à 3 francs par myriamètre tant pour l'aller que pour le retour. Cette dernière indemnité est réglée par le président du tribunal.

Art. 44. Dans le cas de mise en observation dans les conditions de l'article 40 de la loi, il est alloué à l'intéressé, en plus du payement des frais d'hospitalisation, une indemnité journalière de 4 francs; il est, en outre, s'il y a lieu, payé à sa femme une somme de 6 francs, majorée de 2 francs pour chaque enfant à sa charge, âgé de moins de 16 ans, ou atteint d'une infirmité incurable.

Il est alloué aux médecins experts pour l'ensemble des actes, convocations, examens, rapports et dépôts de rapports devant le tribunal des pensions, par pensionné examiné, une somme fixe de 25 francs.

Art. 45. Il est alloué aux greffiers des diverses juridictions pour tous les actes et pièces ayant exclusivement pour objet l'application de la loi sur les pensions, indépendamment des émoluments fixés par les tarifs généraux en vigueur pour chaque rôle d'expédition, pour chaque vacation et pour les frais de transport :

Pour toute convocation par lettre recommandée avec avis de réception, outre le remboursement des frais d'affranchissement..	0 50
Pour toute notification de décision par lettre recommandée, outre le remboursement des frais d'affranchissement..............	1 75
Pour la constitution et la communication du dossier, ensemble la tenue des registres et du répertoire, l'inscription de l'acte d'opposition, la rédaction des qualités, pour chaque affaire portée devant le tribunal départemental............................	4 »
Devant la cour régionale.......................................	5 »
Pour chaque extrait certifié conforme au registre.............	1 50

Les frais de papier, de registre, d'expédition ou autres sont à la charge des greffiers.

Art. 46. Il est alloué à l'huissier :

Pour chaque citation...	1 25
Pour la signification d'une décision...........................	1 75

Pour chaque copie délivrée de l'un ou de l'autre de ces exploits il est perçu un quart en plus.

S'il y a une distance de plus d'un demi-myriamètre entre la demeure de l'huissier et le lieu où doivent être remises la citation et la signification, il est payé par myriamètre et fraction de myriamètre en sus, aller et retour :

Pour la citation...	1 75
Pour la signification...	2 »

Art. 47. Il est alloué aux témoins entendus qui en font la demande une somme de 2 francs comme indemnité.

S'ils sont domiciliés hors du canton à plus de 2 myriamètres et demi et moins de 5, ils reçoivent 4 francs.

S'ils sont domiciliés au delà de 5 myriamètres, la somme allouée est portée à 5 francs par 5 myriamètres ou fraction de 5 myriamètres.

Art. 48. Il est alloué :

Au médecin, membre titulaire ou suppléant du tribunal départemental des pensions, une indemnité de 7 à 10 francs par heure de séance, selon un tarif arrêté par le Ministre de la justice d'après les circonstances locales;

Au pensionné, membre titulaire ou suppléant du tribunal départemental des pensions, une indemnité forfaitaire de 20 francs par jour de séance.

Les dispositions du décret du 1er juin 1899 sont applicables aux magistrats, lorsqu'ils siègent à un tribunal départemental des pensions situé dans une autre ville que celle du tribunal civil auquel ils appartiennent.

Les frais de voyage et de séjour des membres du tribunal délégués, conformément à l'article 39 de la loi du 31 mars 1919, sont remboursés sur mémoire vérifié et taxé par le président du tribunal départemental des pensions.

Art. 49. Les indemnités et les frais devant le tribunal départemental et devant la cour régionale, y compris les allocations tarifées par les articles 45, 46 et 47, sont imputés à un compte de trésorerie dans les conditions prévues par l'article 14 (§ 9) de la loi du 10 juillet 1901 sur l'assistance judiciaire.

TITRE IV.

Dispositions diverses.

Art. 50. Les sapeurs-pompiers auxquels s'appliquent les dispositions de l'article 48 de la loi sont ceux des places de Belfort, Calais, Dunkerque, Epinal, Le Havre, Lille, Longwy, Maubeuge, Toul et Verdun.

Art. 51. Les militaires, marins ou agents, victimes d'accidents de nature à ouvrir simultanément des droits tant à une pension militaire qu'à une rente ou indemnité non cumulable avec la pension, doivent en faire la déclaration dans leur demande de pension et indiquer en même temps la procédure qu'ils ont employée ou ont l'intention de poursuivre.

A défaut de cette déclaration, le remboursement des sommes indûment touchées par suite du cumul sera poursuivi par le Trésor et le payement est effectué par imputation sur les arrérages à échoir.

L'ayant droit des militaires, marins ou agents visés ci-dessus est également tenu de faire cette déclaration.

Il appartient au Ministre compétent de suivre, si les intéressés ne le font pas, les instances en vue de la réparation du dommage causé.

Dans le cas prévu au paragraphe 1er du présent article, la pension militaire est liquidée, mais le payement en est suspendu dans la limite des sommes que l'intéressé a reçues au titre de rentes non cumulables.

Art. 52. Si une veuve, titulaire d'une pension de la loi de 1919 et d'une rente accident, se remarie, le capital qui lui est versé aux lieu et place des arrérages de cette dernière rente est imputé, selon le cas, soit sur le capital qu'elle peut réclamer en représentation de sa pension militaire, soit sur les arrérages de cette dernière si elle a opté pour sa conservation. Cette imputation s'échelonne sur trois années.

En cas de décès de la veuve avant l'expiration de ce délai, le solde non échu est payé à ses ayants droit.

Art. 53. Les dossiers des instances engagées devant le Conseil d'Etat et auxquelles la loi du 31 mars 1919 est applicable seront renvoyés aux Ministres de la guerre, de la marine et des colonies pour être, par eux, donné telle suite que de droit.

Art. 54.. Sont abrogés l'ordonnance du 2 juillet 1831, celle du 26 janvier 1832 pour tout ce qui concerne le personnel de la marine, le décret du 1er août 1919, ainsi que toutes les dispositions contraires à celles du présent décret.

Art. 55. Les Ministres de la guerre et de la marine sont chargés, chacun en ce qui le concerne, de l'exécution du présent décret, qui sera publié au *Journal officiel* de la République française et inséré au *Bulletin des lois*.

Fait à Paris, le 2 septembre 1919.

R. POINCARÉ.

Par le Président de la République :

Le Président du Conseil, Ministre de la guerre,
    Georges CLEMENCEAU.

Le Ministre de la marine,
Georges LEYGUES.

TABLEAU

fixant par département le nombre, le siège et le ressort des sections des tribunaux des pensions. (Article 28 du décret du 2 septembre 1919.)

SEINE (cinq sections).

1re section : Paris (1er, 2e, 8e, 9e, 16e, 17e et 18e arrondissements).

2e section : Paris (3e, 4e, 10e, 11e, 12e, 19e et 20e arrondissements).

3e section : Paris (5e, 6e, 7e, 13e, 14e et 15e arrondissements).

4e section : Paris (arrondissement de Saint-Denis).

5e section : Paris (arrondissement de Sceaux).

RHÔNE (deux sections).

1re section : Lyon (commune de Lyon).

2e section : Lyon (autres communes du département du Rhône).

BOUCHES-DU-RHÔNE (deux sections).

1re section : Marseille (arrondissements de Marseille et d'Arles).

2e section : Aix (arrondissement d'Aix).

GIRONDE (deux sections).

1re section : Bordeaux (arrondissements de Bordeaux, Bazas, La Réole et Lesparre).

2e section : Libourne (arrondissements de Libourne et Blaye).

NORD (deux sections).

1re section : Lille (arrondissements de Lille, Hazebrouck et Dunkerque).

2e section : Douai (arrondissements de Douai, Valenciennes, Cambrai et Avesnes).

PAS-DE-CALAIS (deux sections).

1re section : Arras (arrondissements d'Arras, Béthune et Saint-Pol).

2e section : Boulogne (arrondissements de Boulogne, Saint-Omer et Montreuil).

SEINE-ET-OISE (deux sections).

1re section : Versailles (arrondissements de Versailles, Rambouillet, Etampes et Corbeil).

2e section : Pontoise (arrondissements de Pontoise et Mantes).

Loi ayant pour objet : 1° d'étendre aux familles des victimes civiles de la guerre le bénéfice des allocations instituées par la loi du 5 août 1914; 2° de régler la situation des allocataires qui peuvent prétendre à pension.

Le Sénat et la Chambre des députés ont adopté,

Le Président de la République promulgue la loi dont la teneur suit :

Art. 1ᵉʳ. Le bénéfice de la loi du 5 août 1914 est étendu à toute famille nécessiteuse dont le soutien indispensable aura été tué ou emmené en captivité au cours des événements de guerre, ou qui, se trouvant en territoire ennemi au moment des hostilités, aura été retenu comme prisonnier.

Il est également étendu aux familles nécessiteuses des marins du commerce privés de leur salaire à la suite de la capture ou de la destruction de leur navire, pour la période comprise entre le jour de cette capture ou destruction et celui de leur débarquement dans un port français.

Art. 2. Dans le cas de décès et au cas où ce décès ouvrirait droit à une pension à la charge de l'Etat, des départements, colonies ou pays de protectorat, communes ou établissements publics, au profit des membres de la famille, ceux-ci ne pourront cumuler le bénéfice de ladite pension et celui de l'allocation acquise en vertu soit de la loi du 5 août 1914, soit de la présente loi.

Le droit à pension sera ouvert et la pension liquidée à compter du lendemain du décès. Mais la jouissance des arrérages sera suspendue jusqu'à la cessation du régime des allocations.

Dans le cas où les intéressés opteraient pour le régime des pensions, ils pourront néanmoins, à titre d'avance, toucher l'allocation jusqu'au jour où la liquidation de leur pension sera terminée. Ces avances seront précomptées sur les premiers arrérages touchés.

Si la pension n'est point à la charge du Trésor public, la collectivité ou l'établissement débiteur remboursera à l'Etat une somme égale au moment des arrérages frappés de suspension ou aux allocations servies à titre d'avance, suivant que la quotité de l'allocation aura été supérieure ou inférieure à celle de la pension.

Art. 3. Les dispositions de l'article précédent sont applicables aux pensions dont le droit s'est ouvert antérieurement à la promulgation de la présente loi.

Fait à Paris, le 9 avril 1915.

R. POINCARÉ.

Par le Président de la République :

Le Président du Conseil,
R. VIVIANI.

Le Ministre de l'intérieur,
MALVY.

Le Ministre des affaires étrangères,
DELCASSÉ.

Le Ministre des finances,
RIBOT.

Le Ministre de la marine,
Victor AUGAGNEUR.

Le Ministre des colonies,
Gaston DOUMERGUE.

———————◆———————

Loi accordant une allocation journalière aux victimes civiles de la guerre.

Le Sénat et la Chambre des députés ont adopté,
Le Président de la République promulgue la loi dont la teneur suit :

Art. 1ᵉʳ. Le bénéfice de la loi du 5 août est étendu à toute famille nécessiteuse française résidant en France, dont le soutien indispensable non militarisé aura, en dehors de toute faute caractérisée de sa part, été victime d'un fait de guerre subi, soit en territoire français, soit dans une zone occupée par nos armées, et cela pendant toute la durée de l'incapacité de travail résultant de la blessure reçue.

Tout Français nécessiteux non militarisé qui, dans les conditions et circonstances susindiquées, aura été victime d'un fait de guerre, recevra, s'il n'a pas de charges de famille, l'allocation prévue au paragraphe précédent pendant toute la durée de l'incapacité de travail résultant de sa blessure.

Les dispositions qui précèdent resteront en vigueur pendant toute la durée de la présente guerre.

Fait à Paris, le 28 avril 1916.

R. POINCARÉ.

Par le Président de la République :

Le Ministre des finances,
RIBOT.

Le Ministre de l'intérieur.
MALVY.

Loi concernant les pensions à accorder aux marins du commerce victimes d'événements de guerre sur mer, ou à leur famille.

Le Sénat et la Chambre des députés ont adopté,
Le Président de la République promulgue la loi dont la teneur suit :

Art. 1er. Les marins du commerce victimes d'événements de guerre sur mer et leurs ayants cause ont droit au bénéfice de la législation sur les pensions de l'armée de mer.

La pension qui est acquise à l'inscrit maritime provisoire est liquidée sur celle du matelot.

La pension qui est acquise à l'inscrit maritime définitif est liquidée d'après le grade auquel il aurait droit s'il était appelé ou rappelé dans les équipages de la flotte.

La pension qui est acquise à l'inscrit maritime hors de service est liquidée d'après le grade auquel il eût eu droit s'il eût été rappelé au moment où il allait cesser d'être inscrit définitif.

Pour la fixation des grades à conférer aux capitaines au long cours et aux officiers mécaniciens brevetés de la marine de commerce, demeurent applicables les dispositions de la loi du 4 mai 1899 et, pour les officiers non visés par cette loi, les dispositions de la loi du 11 avril 1916.

Toutefois, lorsque ces officiers seront titulaires de commissions régulièrement délivrées par le Ministre de la marine, leur pension ou celle de leurs ayants cause sera liquidée suivant les grades inscrits sur les commissions.

La pension de tout autre personnel du service du bord et particulièrement du personnel civil qui est embarqué est liquidée d'après la pension prévue pour les victimes civiles de la guerre.

Une allocation supplémentaire imputée sur les crédits du budget de la marine sera servie, s'il y a lieu, pour porter ces pensions aux taux de celles que les intéressés eussent obtenues en vertu de la loi du 29 décembre 1905.

Art. 2. Est considéré comme résultant d'un événement de guerre la perte corps et biens de tout bâtiment naviguant dans des zones à déterminer par décret, sauf à l'Etat de faire la preuve du contraire; cette disposition étant limitée à la durée des hostilités et à une période d'un an postérieure à leur cessation, mais pouvant être prorogée par décret.

Art. 3. Les dispositions de la présente loi sont applicables à tous événements de guerre sur mer survenus postérieurement au 2 août 1914.

Les pensions qui auraient été déjà accordées sur les fonds de la caisse de prévoyance seront annulées et le Trésor remboursera à ladite caisse les arrérages déjà servis.

Il sera fait application de ladite loi aux titulaires de ces pensions.

La présente loi, délibérée et adoptée par le Sénat et la Chambre des députés, sera exécutée comme loi de l'Etat.

Fait à Paris, le 3 avril 1918.

R. POINCARÉ.

Par le Président de la République :

Le Ministre du commerce, de l'industrie,
des postes et des télégraphes, des transports maritimes
et de la marine marchande,
CLÉMENTEL.

Le Ministre de la marine,
Georges LEYGUES.

Le Ministre des finances,
KLOTZ.

TABLE DES MATIÈRES

TITRE PREMIER.

Instruction des demandes de pension. — Rôle et attributions des préfets.

CHAPITRE PREMIER.

CHAPITRE II.

DEMANDE DE PENSION.

CHAPITRE III.

RÉCLAMATIONS. — DEMANDES DE REVISION.

CHAPITRE IV.

INSTRUCTION DE LA DEMANDE.

CHAPITRE V.

TITRE II.

Enquête médicale. — Rôle et attributions des centres de réforme.

____

CHAPITRE PREMIER.

RÔLE DES CENTRES DE RÉFORME EN MATIÈRE DE VICTIMES DIRECTES.

CHAPITRE II.

RÔLE DES CENTRES DE RÉFORME EN MATIÈRE DE PENSION DE VEUVE OU, A DÉFAUT, D'AYANTS-DROIT.

CHAPITRE III.

TITRE III.

Dispositions spéciales.

CHAPITRE PREMIER.

CHAPITRE II.

CHAPITRE III.

ANNEXE N° 1.

ANNEXE N° 2.

ADDENDA.

PARIS ET LIMOGES. — IMPRIMERIE ET LIBRAIRIE MILITAIRES CHARLES-LAVAUZELLE.

Imprimerie militaire

Henri CHARLES-LAVAUZELLE

PARIS ET LIMOGES

www.ingramcontent.com/pod-product-compliance
Ingram Content Group UK Ltd.
Pitfield, Milton Keynes, MK11 3LW, UK
UKHW022035170726
13837UKWH00002B/618